Karin Heilegger · Michaela Eger · Wolfgang Gruber

Im Blickpunkt: Deutsch und Kommunikation

Jugend & Volk

Mit Bescheid des Bundesministeriums für Unterricht, Kunst und Kultur GZ 5.021/0041-Präs.8/2009 vom 26. Jänner 2010 als für den Unterrichtsgebrauch an Berufsbildenden Pflichtschulen im Unterrichtsgegenstand Deutsch und Kommunikation approbiert.

KOPIEREN VERBOTEN

KOPIERVERBOT

Nach den Regeln der neuen Rechtschreibung 2006.

Jugend & Volk

Schulbuch-Nr. **150557**
Heilegger, Eger, Gruber
Im Blickpunkt: Deutsch und Kommunikation

ISBN 978-3-7100-2798-7

www.jugendvolk.at

Umschlaggestaltung: Der Lichtblick, Wien
Layout: 24designbureau.com, vielseitig.co.at
Grafiken: Franz Hoffmann
Lektorat: Dr. Brigitte Moser
Satz: buchgestaltung.at

Inhaltsverzeichnis

ZEICHENERKLÄRUNG

Einzelarbeit

Merke

Partnerarbeit

Worterklärung

Gruppenarbeit

Internetverweis

01

Kommunikation Kommunizieren

Was Sie in diesem Kapitel erfahren:

Allgemeines zum Thema Kommunikation
Gesprächssituationen
Ins Gespräch kommen

Wichtige Tipps zum Kennenlernen und zum richtigen Vorstellen
Höflichkeit und Umgangsformen
Kennenlernen und Vorstellen

Grundlagen der Kommunikation
Nonverbale Kommunikation
Informationsübermittlung
Kommunikation durch Bilder

Kennenlernen und Vorstellen

Höflichkeit und Umgangsformen

Ob unter Freunden, in der Familie, in der Schule oder später im Beruf: Höflichkeit und gute Umgangsformen sind angesagt! Durch gutes Benehmen im Beruf, in der Schule und im privaten Bereich erleichtern Sie sich den Umgang mit den Menschen und schaffen ein angenehmes Klima. Wer mit den Umgangsformen des eigenen Landes vertraut ist, kann sich auch leichter in fremden Kulturkreisen zurechtfinden.

Im Blickpunkt Kompetenzen:

Hier trainieren Sie ...

- ... das richtige Verhalten beim Kennenlernen und Vorstellen.
- ... die entsprechenden Umgangsformen in verschiedenen Situationen.
- ... das „Ins-Gespräch-Kommen“ mit anderen.

Höflichkeit bedeutet: Ich zeige gutes Benehmen und bin freundlich zu anderen, weil ich meine Mitmenschen achte und respektiere!

Was sind gute Umgangsformen? Nennen Sie Beispiele für gutes Benehmen.

Schreiben Sie auf Kärtchen, was Ihnen spontan einfällt. Die Kärtchen werden dann eingesammelt. Eine Schülerin oder ein Schüler liest das Geschriebene vor. Die Ergebnisse werden an der Tafel oder auf einem Plakat festgehalten und diskutiert. Notieren Sie die wichtigsten Umgangsformen:

Welche Vorteile bieten gute Umgangsformen?
Wie fühlen Sie sich, wenn jemand freundlich zu Ihnen ist?

Schreiben Sie auf Kärtchen, was Ihnen spontan einfällt. Die Kärtchen werden eingesammelt und vorgelesen. Eine Schülerin oder ein Schüler liest das Geschriebene vor und die Ergebnisse werden an der Tafel oder auf einem Plakat festgehalten und diskutiert. Notieren Sie die wichtigsten Punkte:

Mögliche Benimmregeln für den Schulalltag

Diskutieren Sie die beiden Abbildungen in der Klasse.

Zum Stundenbeginn:
- Die Schülerinnen und Schüler stehen auf.
- Die Schülerinnen und Schüler stellen die Gespräche ein.
- Die Schülerinnen und Schüler grüßen das Lehrpersonal.
- Die Schülerinnen und Schüler setzen sich ruhig.

Am Ende der Stunde:
- Die Schülerinnen und Schüler verabschieden das Lehrpersonal (und umgekehrt).

Begegnung im Schulhaus:
- Gegenseitiges Grüßen ist ein Gebot der Höflichkeit, untereinander reicht ein „Hallo", gegenüber Erwachsenen ist jedoch ein „Guten Tag" angebracht.
- Beim Grüßen und Verabschieden soll man den Blickkontakt halten.

Diskutieren Sie die oben genannten Regeln in Ihrer Klasse:

Was gefällt Ihnen daran, was gefällt Ihnen nicht? Welche Regeln fehlen? Welche wollen Sie ergänzen? Sammeln Sie eigene Ideen zu „Grüßen und Verabschieden". Stellen Sie die passenden Umgangsformen für Ihre Klasse zusammen.

Noch ein paar Worte zum Thema Höflichkeit und Umgangsformen

Pünktlichkeit

Pünktlichkeit ist ein Zeichen der Wertschätzung und der Höflichkeit. Niemand will gerne warten. Natürlich gibt es oft plausible Gründe für Unpünktlichkeit. Da heute fast jeder ein Handy hat, gehört es zum guten Ton, dass man sein Zuspätkommen rechtzeitig mitteilt – und wenn man nur eine kurze SMS-Nachricht schickt.

Worterklärung

→ **SMS:** Short Message Service

Begrüßungsregeln
Wenn man zu einer Gruppe stößt und ungeachtet der „Rangordnung" allen die Hände schüttelt, kann das auf einige beleidigend wirken. Es gilt nach wie vor, dass der hierarchisch am höchsten stehenden Person zuerst die Hand gereicht wird. Dass man einer Frau zuerst die Hand reicht, ist heute nicht mehr üblich, aber dennoch oft gerne gesehen.
Sitzt man an einem Tisch, steht man zur Begrüßung auf, unabhängig davon, ob eine Frau oder ein Mann an den Tisch kommt. Kommt der Gast jedoch zu spät, kann man ruhig sitzen bleiben. Zu einer richtigen Begrüßung gehört auch ein fester Händedruck.

Was stimmt hier nicht?

Anrede
Zu Beginn ist es ratsam, seine Gesprächspartnerin bzw. seinen Gesprächspartner mit „Sie" anzusprechen, vor allem Vorgesetzte oder Personen, die älter sind. Und zwar so lange, bis einem das „Du-Wort" angeboten wird.

Aufmerksamkeit
Während eines Gesprächs soll die ungeteilte Aufmerksamkeit der Gesprächspartnerin bzw. dem Gesprächspartner gelten. Unterbrechungen und abschweifende Blicke vermitteln dem Gegenüber Desinteresse.

Rauchen kann stören
Wenn man Raucherin bzw. Raucher ist, sollte man sich mit dem Rauchen zurückhalten, auch wenn es erlaubt ist. Viele fühlen sich dadurch gestört.

Übermäßiger Alkoholkonsum
Zu viel Alkoholkonsum wird von vielen Menschen nicht gerne gesehen und vermittelt keinen guten Eindruck.
Aber es kommt noch etwas dazu: Durch übermäßigen Alkoholkonsum sinkt auch die Hemmschwelle. Oft werden in diesem Zustand Dinge gesagt oder getan, die man später bereut und die in der Regel auch nicht mehr „gutzumachen" sind.

Respektabstand
Jeder Mensch wünscht einen Respektabstand, vor allem dann, wenn man mit dem Gegenüber nicht besonders vertraut ist. Dieser Respektabstand liegt in der Regel bei ca. 50 cm. Wird dieser Abstand nicht berücksichtigt, gilt das als respektlos.

Lautes Reden
Auch beim Sprechen gehört Zurückhaltung zum guten Ton. Wer zu laut spricht, wird nicht selten als Angeberin bzw. Angeber abgestempelt.

Lokalbesuche

Betreten eines Lokals:

- Der Herr hält der Dame die Tür auf.
- Die Dame tritt ein und wartet, bis der Herr die Tür geschlossen hat.
- Der Ober geht vor, dann die Dame, danach der Herr.
- Beim Verlassen des Lokals geht die Dame vor dem Herrn.

Richtige Haltung:

- Sitzen Sie aufrecht.
- Die Füße stehen parallel unter dem Tisch.
- Beim Essen berührt der Rücken die Sessellehne nicht.
- Die Ellbogen gehören nicht auf den Tisch.

Essen:

- Beginnen Sie erst mit dem Essen, nachdem die Gastgeberin bzw. der Gastgeber begonnen hat.
- Nicht mit vollem Mund sprechen.
- Liegen mehrere Gabeln und Messer beim Gedeck, immer mit dem äußersten Besteck zu essen beginnen.

Natürlich ist es immer vom Umfeld und von der Veranstaltung abhängig, wie viel Wert auf Benimmregeln gelegt wird. Bei einer zwanglosen Party wird auf besondere Umgangsformen weniger geachtet als bei einer geschäftlichen Veranstaltung.

Generell gilt:
Mit guten Umgangsformen hinterlässt man immer einen positiven Eindruck.
Gute Umgangsformen sind ein Zeichen der Wertschätzung dem anderen gegenüber.

Was bedeutet Höflichkeit? Was bringt es Ihnen und anderen, wenn Sie höflich sind?
Nennen Sie fünf wichtige Punkte zu „Höflichkeit und Umgangsformen" und beschreiben Sie diese näher:

Wir lernen einander kennen

Überlegen Sie, ob sich die abgebildeten Personen bereits gut kennen oder gerade erst kennengelernt haben und worüber sie sprechen könnten? Notieren Sie Schlagwörter dazu:

Bestimmte Anlässe erfordern es, dass sich die Gesprächspartnerinnen und Gesprächspartner mit Namen vorstellen. Notieren Sie dazu einige Beispiele:

In manchen Gesprächssituationen ist es nicht notwendig, sich namentlich vorzustellen.
Welche fallen Ihnen ein?

Eine andere Form, sich mit dem Namen vorzustellen, sind Namensschildchen.
Notieren Sie, bei welchen Anlässen es sinnvoll ist, Namensschildchen anzustecken oder aufzustellen:

Bilden Sie Vierergruppen und beantworten Sie abwechselnd die nachstehenden Fragen:
Sie werden dabei einiges über Ihre Persönlichkeit und Ihre Lebenseinstellung erfahren, was auch für Ihre Mitschülerinnen und Mitschüler interessant sein kann. Nennen Sie zwischendurch immer wieder Ihren Vor- und Zunamen, damit sich die anderen Gruppenmitglieder Ihren Namen merken können.

Stellen Sie sich vor, …

… Sie müssten drei Worte aussuchen, die Sie beschreiben.
- Welche wären das?

… Sie könnten Ihre Charakterzüge verändern.
- Was würden Sie gerne verändern?

… Sie könnten eine schlechte Angewohnheit ablegen.
- Welche wäre das? Welche schlechten Angewohnheiten mögen Sie an anderen nicht?

… Sie müssten auf etwas Wichtiges in Ihrem Leben verzichten.
- Was könnte das sein? Worauf würden Sie nie verzichten?

… Sie könnten sich eine besondere Begabung aussuchen.
- Welche wäre das?

… es gäbe keine Schulpflicht mehr.
- Würden Sie freiwillig in die Schule gehen?
- Was würden Sie stattdessen tun?

… Sie hätten einen Wunsch frei.
- Was würden Sie sich wünschen?
- Wenn Sie sich nur etwas für jemand anderen wünschen könnten, für wen wäre das?

… Sie könnten Macht über andere Menschen ausüben.
- Wem würden Sie was befehlen?

… Sie könnten einen Tag lang unsichtbar sein.
- Was würden Sie „anstellen"?

… Sie müssten sich tätowieren lassen.
- An welcher Körperstelle würden Sie sich welches Motiv tätowieren lassen?

… ein berühmter Star würde für Sie an Ihrem Geburtstag einen Song singen.
- Wen wünschen Sie sich?
- Welcher Song sollte es sein?

… Sie müssten vor Gericht gegen Ihre beste Freundin oder Ihren besten Freund aussagen.
- Würden Sie einen Meineid begehen (das bedeutet: für sie oder ihn lügen), um sie oder ihn zu schützen?
- Würden Sie ihr bzw. ihm aufgrund eines Schuldspruchs die Freundschaft kündigen?

… Ihre Freundinnen bzw. Ihre Freunde mögen Ihre neue Freundin bzw. Ihren neuen Freund nicht.
- Würden Sie sie oder ihn für die anderen aufgeben?
- Was würden Sie tun, um das Verhältnis zu verbessern?

… Sie dürfen entscheiden, was im Fernsehen nicht mehr gesendet wird.
- Welche Sendung würden Sie absetzen?
- Würden Sie Gewaltfilme aus dem Programm nehmen?

(*Quelle: young miss* 12/2001)

Wie stelle ich mich richtig vor?

Eine gute Möglichkeit, Ihre Mitschülerinnen und Mitschüler näher kennenzulernen, ist eine Vorstellungsrunde.

Ich heiße Melanie und werde im November 16.
Zuletzt besuchte ich die PTS Schwarzach. Michi, Sabine und Markus kenne ich bereits.
Im Großen und Ganzen komme ich mit anderen recht gut aus. Was ich absolut nicht leiden kann, sind Wichtigtuerei und Mobbing.
Meine Interessen sind nicht auf bestimmte Dinge fixiert, sondern ändern sich immer wieder. Zurzeit interessiert mich Tanzen. Einmal die Woche bin ich in der Nachbargemeinde und besuche einen Tanzkurs.
Ich habe zwei jüngere Geschwister und helfe zuhause oft mit, da meine Mutter Alleinerzieherin ist und halbtags arbeitet.
Nach Abschluss der Lehre als Reisebürokauffrau möchte ich für ein Jahr im Ausland arbeiten.

Vor der Klasse zu sprechen wird Ihnen vielleicht nicht so leicht fallen. Ein Stichwortzettel kann Ihnen dabei eine gewisse Sicherheit geben.

Stellen Sie Ihren persönlichen Stichwortzettel zusammen.
Überlegen Sie, was Sie Ihren Schulkolleginnen und Schulkollegen über sich erzählen möchten.
Halten Sie Ihre Notizen hier fest:

Ich stelle mich vor

Ins Gespräch kommen

Partystimmung

Marco: Na endlich!
Jasmin: Hi!
Marco: Ich habe schon gedacht, du kommst überhaupt nicht mehr vom Fleck. Anscheinend will jeder mit dir ins Gespräch kommen.
Jasmin: Das kommt mir auch so vor. Es ist schon anstrengend!
Marco: Und jetzt auch noch ich!
Jasmin: Kein Problem! Freut mich, dass du mich angesprochen hast.
Marco: Ehrlich?
Jasmin: Sicher!
Marco: Das ist echt nett! Du hast ja nichts mehr zu trinken! Darf ich dir einen Drink bringen?
Jasmin: Bitte, ein Cola mit viel Eis.
Marco: Bin in einer Minute zurück …

Neuigkeiten im Stiegenhaus

Frau Messner: Was sagen Sie denn dazu, das ist ja nicht zu glauben!
Frau Lammer: Ich hab schon gehört, die Weinberger hat einen neuen Freund. Der soll gleich um 20 Jahre jünger sein.
Frau Messner: Unglaublich! Der könnte ja ihr eigener Sohn sein!
Frau Lammer: Also ich würde so etwas nie machen. Ich weiß, was sich gehört!
Frau Messner: Ich möchte nur wissen, wo sie den schon wieder kennengelernt hat.
Frau Lammer: Na, bei der Frau und ihrem Lebenswandel wird das wohl nicht so schwer sein. Sie ist ja nur unterwegs.
Frau Messner: Wissen Sie vielleicht mehr als ich?
Frau Lammer: Angeblich …
Frau Weinberger: Guten Morgen, die Damen! Auch schon voll im Einsatz …

Wenn man mit einer Person ins Gespräch kommen will, hat das meist einen bestimmten Grund.

Überlegen Sie: **Warum knüpfen Marco und Frau Messner ein Gespräch an?**
Wie reagiert Jasmin auf Marco und Frau Lammer auf Frau Messner?
Wovon kann es abhängen, ob ein Gespräch weitergeführt oder abgebrochen wird?

Schreiben Sie einen der beiden Dialoge so um, dass einer der Beteiligten das Gespräch abbricht.
Lesen Sie einige der umgeschriebenen Dialoge vor.

Überlegen Sie: **Welche Gründe können die unten angeführten Personen in den vorgegebenen Situationen haben, mit anderen ins Gespräch kommen zu wollen? Worüber könnten sie miteinander sprechen?**

- Kinder und Mütter auf einem Spielplatz
- zwei Passagiere auf einem Langstreckenflug
- Urlauberinnen und Urlauber am Strand
- zwei neue Mieter eines Wohnhauses
- Schülerinnen und Schüler nach der erfolgreichen Abschlussprüfung
- ein neuer Lehrling mit einer Kollegin im Betrieb
- Fans zweier Fußballmannschaften auf der Tribüne

Grundlagen der Kommunikation

Begriffsbestimmung: Was bedeutet „Kommunikation"?

Den wechselseitigen **Austausch von Gedanken in Sprache, Schrift oder Bild** nennt man **Kommunikation**.
Im erweiterten Sinn versteht man darunter auch das wechselseitige Übermitteln von Lauten bei Tieren sowie von Daten und Signalen zwischen Objekten oder Systemen.

Im Blickpunkt Kompetenzen:

Hier trainieren Sie ...

... das bessere Verstehen anderer.

... Ihr Verständnis für nonverbale Kommunikation.

... die verschiedenen Möglichkeiten zu kommunizieren.

Ein **Sender** gibt (sendet) eine **Nachricht in Form von Sprache** an einen **Empfänger** weiter. In der Regel stimmen gesendete und empfangene Mitteilungen überein, sodass eine Verständigung stattfinden kann. Kommunikation ist aber viel komplizierter und komplexer. Sie besteht nicht allein in der Weitergabe von sachbezogenen Informationen. Vielmehr laufen etwa zwei Drittel des Austausches von Nachrichten in einem Gespräch über den visuellen oder akustischen Kanal. Kommunikation wird wesentlich von **Gesten, Körperhaltung, Mimik, Betonung oder Sprachmelodie** beeinflusst.
Beobachtet man Menschen genau, erkennt man, dass sie beim Sprechen bis zu 90 % auch Gesten verwenden, da manche Informationen nicht verbal kommuniziert werden können. Der Ausdruck in Gesicht und Stimme kann emotionale Zustände übermitteln, die kaum durch Sprachäußerungen erkennbar sind.

Das Wort **Kommunikation** gehört übrigens zu den wichtigsten Wörtern des 20. Jahrhunderts.

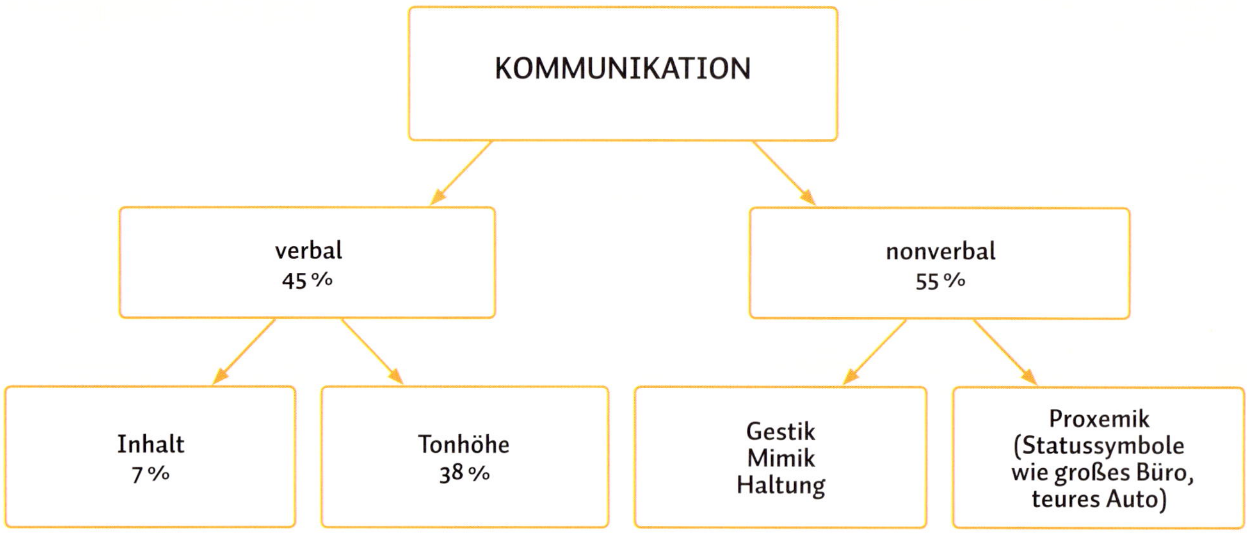

(Quelle: stangl-taller.at / Kommunikation)

Worterklärung

- → **komplex:** vielfältig, verflochten
- → **visuell:** durch das Auge aufgenommen
- → **akustisch:** über das Ohr aufgenommen
- → **Geste:** Handbewegung
- → **Mimik:** Mienenspiel, Gesichtsausdruck
- → **verbal:** mit Worten ausgedrückt
- → **nonverbal:** nicht mit Worten ausgedrückt
- → **kommunizieren:** miteinander in Kontakt treten
- → **emotional:** gefühlsbetont
- → **Proxemik:** Signale, durch die jemand auf seinen gesellschaftlichen Stand hinweist

Überlegen Sie gemeinsam mit einer Kollegin oder einem Kollegen, welche Gesprächssituationen auf den Bildern dargestellt sind. Worüber könnte gesprochen werden?
Achten Sie besonders auf die nichtsprachlichen Zeichen: Gesichtsausdruck, Augenkontakt, Körperhaltungen, Berührungen usw. Was können Sie daraus ablesen?

Kommunikation ist mehr als Worte

Die Wirkung der Körpersprache ist eine sehr starke. **Wir kommunizieren immer, auch dann, wenn wir nichts sagen**.
Paul Watzlawick (1921 in Villach, in Kärnten, geboren, studierte Philosophie und Sprachen) sagte: **„Man kann nicht *nicht* kommunizieren"**, denn jede Kommunikation ist Verhalten, und genauso wie man sich nicht *nicht verhalten* kann, kann man nicht *nicht kommunizieren*." (*Quelle: http:// www.watzlawickehrenring.at*)

Das heißt, wir kommunizieren auch, wenn wir nicht sprechen.

Geschriebene Worte sowie Blindenschrift und Gebärdensprache gehören zur **verbalen Kommunikation**.

Nonverbale Botschaften werden auf mehreren Informationskanälen gleichzeitig gesendet und empfangen, und zwar durch:

- **Mimik** – Gesichtsausdruck, oft in Verbindung mit dem Augenspiel
- **Gestik** – Bewegungen des Körpers, nicht nur von Armen und Händen
- **Distanzverhalten** – wir unterscheiden **vier Distanzzonen**:

Intime Distanz 0 bis 50 cm:	bei Eltern und Kind oder Paaren
Persönliche Distanz 50 bis 150 cm:	im Freundeskreis und oft im Arbeitsleben
Gesellschaftliche Distanz ab 150 cm:	Lehrerinnen und Lehrer mit Schülerinnen und Schülern
Öffentliche Distanz ab 4 m:	z. B. bei Referaten

- **Kleidung** – dem Anlass entsprechend wählen
- **Stimme** – die Lautstärke der Situation und dem Raum anpassen
- **Haltung** – aufrechte Haltung, auf beiden Beinen stehend
- **Düfte und Gerüche** – angenehme Gerüche erzeugen Sympathie
- **Farben** – oft bringt der Griff zu bestimmten Farben zum Ausdruck, wie man sich fühlt:

Weiß:	Ehrlichkeit, Unschuld ...	Gelb:	Wärme, Sonne, Licht ...
Rot:	Liebe, Hass, Kraft ...	Violett:	Geheimnis, Magie ...
Blau:	Weite, Unendlichkeit ...	Grün:	Natürlichkeit, Hoffnung ...
Braun:	Gemütlichkeit ...	Schwarz:	Trauer, Eleganz ...

Betrachten Sie die Mimik der Gesichter und versuchen Sie, aus dem Mienenspiel bzw. auch aus der Gestik Rückschlüsse auf den Gefühlszustand der abgebildeten Personen zu ziehen:

Wie kann man folgende Botschaften ohne Worte übermitteln?

- Lass mich in Ruhe!
- Das hast du toll gemacht!
- Du kommst jetzt sofort her!
- Beruhige dich!
- Bist du total verrückt?
- Bitte sei leise, die Kinder schlafen!

Neben mimischen und gestischen Botschaften gibt es noch die sogenannten taktilen Zeichen, die durch Berührung eines anderen zustandekommen.
Sprechen Sie darüber, was die Personen auf den Bildern mit ihrem taktilen Verhalten ausdrücken.

Notieren Sie in der Gruppe verschiedene Berufe und überlegen Sie, welche Kleidung während der Arbeit üblich ist bzw. ob es einen Dresscode dafür gibt.

Worterklärung

→ **Distanz:** Abstand, Entfernung
→ **taktil:** den Tastsinn betreffend
→ **Dresscode:** Kleidungsvorschrift

Häufig werden auch Redewendungen benutzt. Die Übermittlung der Botschaft beruht hier darauf, dass Sender und Empfänger das gleiche Bild dazu im Kopf haben. Diesen Bildern liegt häufig eine bestimmte Mimik oder Gestik zugrunde. Überlegen Sie, was mit den folgenden Redewendungen gemeint sein kann:

„große Augen machen“ ____________________

„die Zähne zusammenbeißen“ ____________________

„unter die Arme greifen“ ____________________

„die Kehle zuschnüren“ ____________________

Übermittlung von Botschaften: vom Trommeln zum Satelliten

Die Übermittlung von Botschaften hat sich im Laufe der Jahrhunderte aufgrund unterschiedlicher Nachrichtenträger weiterentwickelt und hat damit auch das gesellschaftliche Leben entscheidend verändert.

Die ältesten Nachrichtenträger

- Leuchtzeichen
- Heliografen (Sonnenschreiber): ein kleiner drehbarer Spiegel, mit dem kurze und lange Sonnenblitze ausgesandt werden, die bei klarer Sicht bis zu 150 km weit reichen
- Alarmtrommeln
- Meldeläufer (im Inkareich): benötigten für eine Strecke mit ca. 1600 km Luftlinie rund 10 Tage
- Eilboten mit Pferden

Im 19. Jahrhundert

- Morsezeichen: lange und kurze Stromstöße werden mit einem Stift als Striche und Punkte auf einem Papierstreifen angebracht und telegrafisch übermittelt
- Telegrafenleitungen
- Fernsprechapparate
- erste Kabelverbindungen

Im 20. Jahrhundert

- 1906 gibt es das erste drahtlose Telefongespräch
- 1906 wird das erste Foto per Faxgerät übertragen
- 1928 wird zwischen Europa und Amerika ein Fernsprechkabel verlegt
- 1936 wird in Österreich der Telex-Dienst (Fernschreiben) eingeführt
- 1968 kommt in Österreich das erste Telefaxgerät auf den Markt
- 1974 wird in Österreich das B-Netz eingeführt, Autotelefone kosten bis zu 12 000 Euro (165 000 Schilling)
- 1979 werden in Japan und in den USA erste Mobiltelefone getestet
- 1989 gibt es das erste Handy ohne Kofferbatterie
- 1999 wird das erste WAP-fähige Handy präsentiert

Im 21. Jahrhundert

- 2003 kommt das erste Satelliten-Mobiltelefon auf den Markt
- Die technische Weiterentwicklung auf dem Gebiet der Datenträgerdienste ermöglicht eine immer schnellere und leistungsstärkere Datenübermittlung.

Sprechen Sie in der Klasse darüber, ob Informationsübermittlung auch in der Vergangenheit ein wichtiges Thema war. Welchen Einfluss hat es auf die Gesellschaft und auf den Alltag des Einzelnen, wenn die technischen Voraussetzungen einen immer schnelleren Transport von Informationen ermöglichen?

Internet

Der absolute Volltreffer in den Bereichen Kommunikation, Information und Nachrichtenübermittlung ist zweifelsohne die Erfindung des **Internets**. Es geht aus einer Entwicklung des amerikanischen Verteidigungsministeriums hervor und wird durch das **WWW** (World Wide Web) heute von Millionen von Menschen täglich genutzt.

Wie jedes neue Medium hat auch das Internet gesellschaftliche Veränderungen mit sich gebracht. Eine weltweite Subkultur, die sogenannte **Internet- oder Netzkultur**, ist entstanden. Die Angehörigen benutzen eine eigene Sprache, den **Netzjargon**, um ihr Zusammengehörigkeitsgefühl auszudrücken. Die Besonderheit dabei ist, dass über den Text hinaus Gefühle oder Hintergedanken (z. B. Ironie) mittels **Abkürzungen** vermittelt werden können. Diese Abkürzungen stehen zwischen Sternchen und bestehen vorwiegend aus Anfangsbuchstaben einzelner Wörter oder Wortgruppen (*g* = grinsen). Auch mit **Emoticons** (den Smileys nachempfunden) werden Gefühle ausgedrückt.

Beispiele aus dem Netzjargon

Übermittlung von Gefühlen oder Hintergedanken mit Smileys:

:-)	lustig, lächeln	;-)	zwinkern	:-(	traurig

Übermittlung von Aktionen oder Tätigkeiten:

cu see you (Sehe dich!)
brb be right back (Bin gleich wieder da!)
gtn8 (Gute Nacht!)

mm mail me (Maile mir!)
007 (Habe ein Geheimnis!)
we weekend (Wochenende)

Übermittlung von Nachrichten mit Abkürzungen:

HEGL = Herzlichen Glückwunsch!
ALKLA = Alles klar?
FIB = Flugzeuge im Bauch!

DEAND = Denke an Dich!
GNGN = Geht nicht, gibt's nicht!
MAD = Mag dich!

Kennen Sie weitere Emoticons oder Kürzel aus dem Netzjargon?
Schreiben Sie einige in das leere Feld:

Worterklärung

- **Subkultur:** eine bestimmte Untergruppe einer Kultur
- **Netzjargon:** fester Bestandteil der Netzkultur; Umgangsformen in Newsgroups, Chats und Foren; sie sind für Außenstehende schwer verständlich
- **Icons:** Bildsymbole
- **Emoticons:** Symbole, die bestimmte Gefühlshaltungen ausdrücken

Kommunikation mittels Bildzeichen

Piktogramme und Symbole erleichtern uns die Orientierung und Verständigung im öffentlichen Leben bzw. im Straßenverkehr. Botschaften, die auf diese Art übermittelt werden, verlangen vom Kommunikationsempfänger keine verbale Rückmeldung, sondern ein auf die Botschaft bezogenes Verhalten. Daher spricht man bei dieser „Verständigung" von einer **einseitigen Kommunikation**.

Was bedeuten die einzelnen Bildzeichen bzw. wo sind sie zu finden?

Bei welchen Großveranstaltungen, in welchen öffentlichen Gebäuden bzw. in welchen Bereichen des Alltags werden bildhafte Zeichen verwendet?

Ordnen Sie den Bildzeichen mithilfe der Nummern die richtige Bedeutung zu.

1 Kfz-Werkstätte
2 Wandhydrant
3 Wickelraum
4 Wanderweg
5 Apotheke
6 WC Damen, WC Herren
7 Thermalbad
8 Erste Hilfe
9 Jugendherberge
10 Abfallkorb

Worterklärung

→ **Piktogramm:** Zeichen, das einen Sachverhalt durch ein Bild ausdrückt
→ **Symbol:** Botschaft wird durch ein Bild vermittelt

02

Mündliche Kommunikation

Was Sie in diesem Kapitel erfahren:

Grundsätzliches zur mündlichen Kommunikation
Nachrichten
Ebenen der Kommunikation
Formen der Kommunikation
Sprechdynamik
Fragetechniken
Kommunikationsstörungen

Referieren und Präsentieren
Vorbereitung für ein Referat
Planung und Aufbau
Hilfsmittel
Feedback

Mündliche Kommunikation im Alltag
Argumentieren
Diskutieren
Telefonieren
Wege beschreiben

Mündliche Kommunikation verstehen

Vom Sender zum Empfänger: Ebenen der Kommunikation

Was verbinden Sie mit dem Begriff „Nachricht"?

Im Österreichischen Wörterbuch sind zum Hauptstichwort „Nachricht" unter anderem die folgenden Zusammensetzungen angeführt: **Nachrichtenagentur**, **Nachrichtenmagazin**, **Nachrichtensatellit**, **Nachrichtensendung**, **Nachrichtensperre**, **Nachrichtensprecher und Nachrichtensprecherin**, **Nachrichtentechnik**

Erklären Sie, was man unter diesen Zusammensetzungen versteht.

Im Blickpunkt Kompetenzen:

Hier trainieren Sie ...

- ... das bessere Verstehen Ihrer Gesprächspartnerin bzw. Ihres Gesprächspartners.
- ... das Vermeiden von Konflikten durch Kommunikation.
- ... Ihre Sprechdynamik je nach Gesprächsanlass richtig einzusetzen.
- ... grundlegende Gesprächsregeln.
- ... verschiedene Fragetechniken, durch die Sie Einfluss auf den Gesprächsverlauf nehmen können.

Der deutsche Psychologe und Kommunikationswissenschafter **Friedemann Schulz von Thun** geht davon aus, dass aus jeder Nachricht die Sachebene, die Selbstkundgabe, die Beziehungsebene und der Appell herauszuhören sind, und nennt das Zusammenwirken der vier Ebenen **„Vier-Ohren-Modell"**.
Neben diesem Kommunikationsmodell gibt es auch andere, wie etwa das „Kommunikationsquadrat" und das **„Vier-Seiten-Modell"**. Das **„Kommunikationsquadrat"** geht davon aus, dass jede Äußerung nach vier Seiten hin interpretiert werden kann, und zwar sowohl vom Sender als auch vom Empfänger.

Das Vier-Ohren-Modell:

- Die **Sachebene** vermittelt den sachlichen Inhalt der Botschaft, also Daten und Fakten.
- In der **Selbstkundgabe** kommt zum Ausdruck, was Sie von sich zu erkennen geben.
- Der **Appell** zielt darauf ab, was Sie beim Empfänger erreichen möchten.
- Auf der **Beziehungsebene** zeigen Sie, was Sie von Ihrer Gesprächspartnerin bzw. Ihrem Gesprächspartner halten bzw. wie Sie zu ihr bzw. ihm stehen. Die persönliche Meinung, die Sie von Ihrem Gegenüber haben, spielt somit eine wesentliche Rolle. Dies drückt sich nicht nur in sprachlichen Formulierungen aus, sondern auch in nichtsprachlichen (nonverbalen) Zeichen.

Das **Zusammenwirken der vier Ebenen** macht die zwischenmenschliche Kommunikation so komplex, da der Sender einer Nachricht nicht weiß, auf welche der vier Botschaften der Empfänger wie reagieren wird.

Kommunikationsquadrat

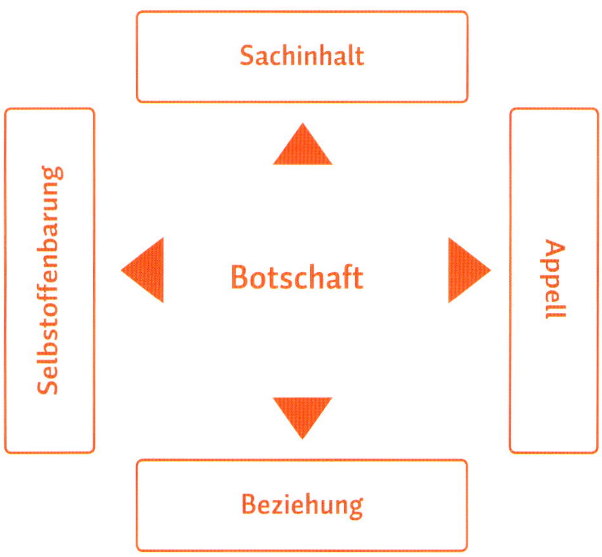

Worterklärung

→ **komplex:** vielfältig, verflochten

Die vier Ebenen einer Nachricht

Sachinformation

Eine sachliche Botschaft:
„Stör mich bitte jetzt nicht!"

Selbstkundgabe

Eine Botschaft über das eigene Befinden:
„Ich brauche bei dieser Arbeit absolute Ruhe!"

Tut mir leid, jetzt habe ich keine Zeit.

Appell

Eine Botschaft, mit der die Sprecherin bzw. der Sprecher etwas veranlassen möchte:
„Komm später!"

Beziehungsebene

Eine Botschaft über die Beziehung der Personen zueinander:
„Ich freu mich zwar, dass du da bist, aber es ist der falsche Zeitpunkt!"

Erstellen Sie anhand der Aussage im mittleren Feld ein Vier-Ohren-Modell:
Wie könnte die Ausbildungsleiterin bzw. der Ausbildungsleiter die sachliche Information des Lehrlings verstehen?

Sachinformation

Selbstkundgabe

In 5 Monaten ist meine Lehrzeit beendet.

Appell

Beziehungsebene

Kommunikation ist nicht gleich Kommunikation: Einweg-, Zweiweg- und Mehrwegkommunikation

Kommunikation ist der Austausch von Informationen, Botschaften oder Gefühlen zwischen Menschen.

Dieser Austausch kann erfolgen

- **verbal:** mit Worten; sprechen (Telefonat), schreiben (Texte)
- **nonverbal:** mithilfe von Bild- oder Zeichensprachen (Verkehrszeichen, internationale Bildzeichen, Symbole) oder Körpersprache (Mimik, Gestik)

Ordnen Sie die folgenden Begriffe der **verbalen (V)** bzw. der **nonverbalen (N)** Kommunikation zu:

Gesprächsthema bzw. Gesprächssituation:

___ Geschäftsbrief	___ Telefonat
___ Augenaufschlag	___ Gesichtsausdruck
___ Kopf senken	___ Handzeichen
___ eine gute Idee äußern	___ verkrampfte Körperhaltung
___ die Augen zukneifen	___ schriftliche Entschuldigung
___ sich schlafend stellen	___ einen Witz erzählen
___ eine Frage stellen	___ jemanden überreden

Man kann zwischen drei Kommunikationsarten unterscheiden:

- Einwegkommunikation
- Zweiwegkommunikation
- Mehrwegkommunikation

Einwegkommunikation

Eigentlich handelt es sich hierbei um eine unvollständige Kommunikation, denn es gibt keinen Informationsaustausch. Die Botschaft geht nur in eine Richtung.

Beispiele: Briefe, Presseerzeugnisse, Radio- und Fernsehsendungen, Filme, Piktogramme, symbolische Zeichen …

Einwegkommunikation

INFORMATION

SENDER ⟶ EMPFÄNGER

Zweiwegkommunikation

Hier können die Rollen des Senders und des Empfängers beliebig getauscht werden. Der Empfänger kann auf die Informationen sofort reagieren und damit den Kommunikationsaustausch unmittelbar beeinflussen.

Beispiel: das Gespräch

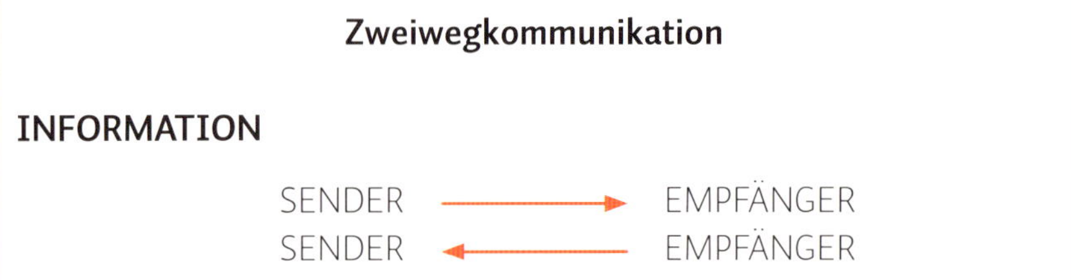

Mehrwegkommunikation

Informationen werden zwischen mehr als zwei Partnern ausgetauscht. Jeder Teilnehmer ist sowohl Sender als auch Empfänger.

Beispiel: die Diskussion

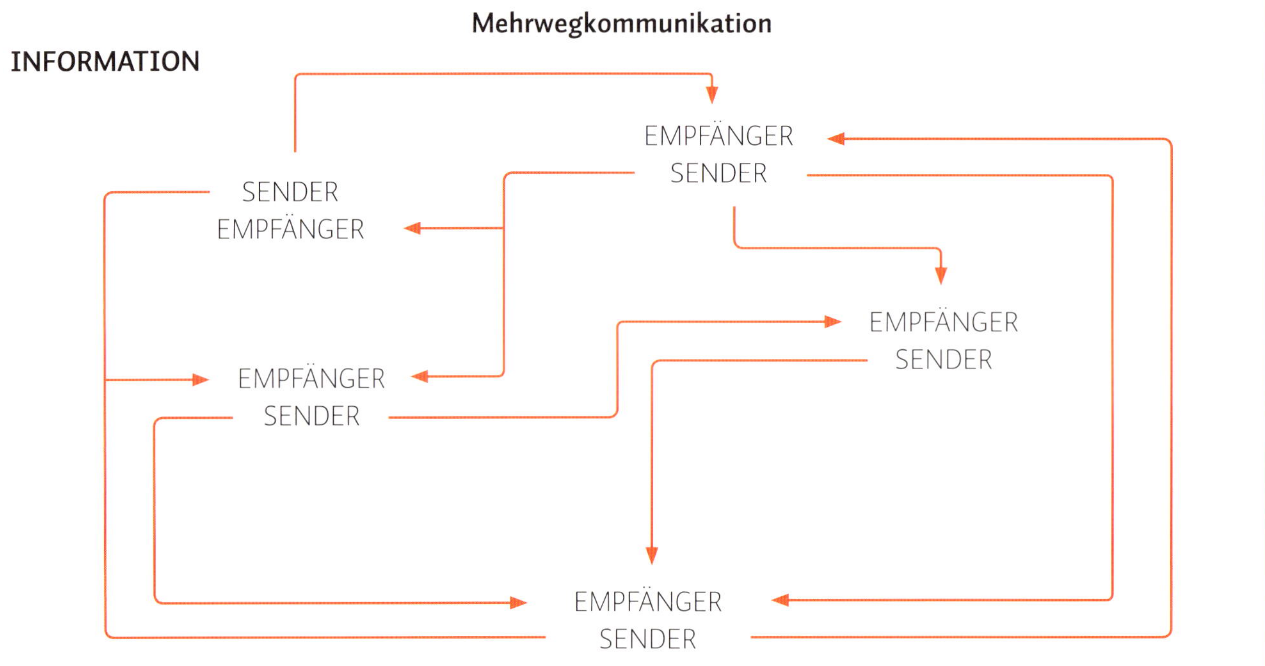

Notieren Sie Beispiele aus Ihrem beruflichen Umfeld:

Einwegkommunikation	Zweiwegkommunikation	Mehrwegkommunikation

Auf die Sprechdynamik kommt es an

Ein wesentliches Kriterium in der mündlichen Kommunikation ist die Sprechdynamik, die je nach Gesprächsanlass und emotionaler Beteiligung der Gesprächspartnerinnen bzw. Gesprächspartner mehr oder weniger zum Tragen kommt. Folgende Punkte sind dabei zu beachten:

Sprechdynamik

Die Bedeutung einer Aussage wird neben der gezielten Wortwahl auch durch die wechselnde **Lautstärke** beim Sprechen erreicht.

In der **Sprechmelodie** zeigt sich, wie stark Emotionen in einem Gespräch zum Tragen kommen.

Sprechtempo und Emotionen stehen in engem Zusammenhang: Begeisterung drückt sich in erhöhtem Sprechtempo aus, schwierige Sachverhalte werden für gewöhnlich langsam besprochen und erläutert. Betont langsames Sprechen muss nicht monoton klingen, sondern kann durchaus die Spannung erhöhen.

Sprechpausen sind wichtige Elemente im Kommunikationsprozess. Durch sie gewinnt man den Eindruck, dass jemand in seinem Auftreten selbstsicher und ruhig ist und genau weiß, was inhaltlich vermittelt werden soll. Außerdem ermöglichen Sprechpausen kurze Phasen zur Reflexion über bestimmte Aussagen.

Die Einstellung der Gesprächspartnerinnen und -partner zueinander, insbesondere in persönlichen und emotional geführten Gesprächen, sowie die Artikulation sind für den **Stimmklang** ausschlaggebend.

Um in einem Gespräch, Vortrag, Interview usw. auf Wichtiges hinzuweisen, werden bestimmte Wörter und Wortgruppen durch die entsprechende **Betonung** hervorgehoben.

Gehen Sie von folgender Situation aus:

Nach einem Fußballspiel diskutieren Jugendliche über die guten bzw. schlechten Leistungen der beiden Mannschaften und die Entscheidungen des Schiedsrichters. Einige in der Gesprächsrunde sehen das sachlich, andere hingegen äußern sich dazu sehr emotional. Vertreten Sie im Rollenspiel unterschiedliche Meinungen. Beachten Sie dabei die Kriterien der Sprechdynamik!

Worterklärung

- → **Kriterium:** Kennzeichen
- → **Emotion:** Gefühlsbewegung
- → **emotional:** die Gefühlsbewegungen betreffend
- → **Artikulation:** Lautbildung, deutliche Aussprache
- → **artikulieren:** einen Laut aussprechen
- → **monoton:** eintönig, abwechslungslos
- → **Reflexion:** prüfendes Nachdenken
- → **reflektieren:** prüfend nachdenken

Vor allem die Gesprächsbeiträge in Talkshows und Parlamentsdebatten sind treffende Beispiele dafür, wie Lautstärke, Sprechmelodie, Sprechtempo, Sprechpausen, Stimmklang oder Wortbetonung in der mündlichen Kommunikation zum Tragen kommen. **Vielleicht haben Sie die Möglichkeit, im Klassenverband Ausschnitte aus Talkshows und Parlamentsdebatten anzusehen und die Wortmeldungen hinsichtlich ihrer Sprechdynamik zu analysieren.**

Fragetechniken: Fragen lenken das Gespräch

Durch die Verwendung bestimmter Fragetechniken kann man ein Gespräch steuern, man kann es beleben, vertiefen, aber auch abflauen lassen.

Finden Sie zu jeder Fragetechnik drei Beispiele und notieren Sie diese.
Lesen Sie einige Sätze Ihren Mitschülerinnen und Mitschülern vor. Berücksichtigen Sie dabei vor allem die verschiedenen Kriterien der Sprechdynamik.

„Hat Ihnen die Kinovorstellung gefallen?“

Die **geschlossene Frage** erlaubt nur Ja- oder Nein-Antworten. Sie eignet sich besonders dann, wenn man kurze und knappe Informationen will.

Die **offene Frage** ist so formuliert, dass man weder mit „ja“ noch mit „nein“ antworten kann. Sie beginnt häufig mit einem Fragewort (**W-Fragen:** Wer? Wie? Was? Wo? Wann? Warum? Welche?) und veranlasst die Gesprächspartnerin bzw. den Gesprächspartner, ihre bzw. seine Gefühle und Einstellungen darzulegen. Diese Fragetechnik gibt ihr oder ihm auch das Gefühl, dass wir an ihr bzw. ihm oder ihrer bzw. seiner Meinung interessiert sind.

„Was hat Ihnen bei der Vorstellung am besten gefallen?“

„Hätten Sie lieber SELBST IST DIE BRAUT oder ICE AGE gesehen?“

Die **alternative Frage** engt die befragte Person ein, die nur zwischen zwei vorgegebenen Möglichkeiten wählen kann. Es besteht aber auch die Möglichkeit, mit der Antwort „weder … noch“ auszuweichen.

Die **suggestive Frage** ist so formuliert, dass die bzw. der Befragte merkt, welche Antwort die Fragestellerin bzw. der Fragesteller erwartet. Die Suggestivfrage versucht, die Antwort in eine bestimmte Richtung zu lenken.
Ausweichen kann man höflich, z. B. mit folgenden Antworten: „Da bin ich nicht ganz Ihrer Meinung.“, „Ich möchte mir die Angelegenheit noch einmal in Ruhe überlegen.“ …

„Die Vorstellung hat Ihnen doch auch gefallen, oder?“

Worterklärung

→ **alternativ:** zwei oder mehrere Wahlmöglichkeiten
→ **suggestiv:** eine Meinung beeinflussend

„Raucht Ihr Ehemann auch?"
(Man will wissen, ob es überhaupt einen Ehemann gibt.)

Die **Fangfrage** beabsichtigt die Antwortgeberin oder den Antwortgeber zu veranlassen, eine Information preiszugeben, die sie bzw. er nicht freiwillig geben würde.

Die **Gegenfrage** schafft Zeit zum Nachdenken und zwingt die Partnerin bzw. den Partner, ihre bzw. seine Fragestellung zu ändern oder zu präzisieren.
Bei einer unangenehmen Gegenfrage kann man wie folgt antworten: „Ich schlage vor, dass Sie zunächst meine Frage beantworten, ich komme dann gerne auf Ihre Gegenfrage zurück."

„Wie meinen Sie das?"
„Könnten Sie mir das bitte näher erklären?"

„Bei wem werden Sie sich über die schlechte Qualität der Mitarbeiterführung beschweren?"

Die **Unterstellungsfrage** enthält bereits eine Behauptung, die die Fragende bzw. der Fragende der befragten Person einfach unterstellt. Diese Frageform gilt als unfair. Man sollte sich daher dagegen zur Wehr setzen.

„Mein Gesprächspartner versteht mich nicht!" (Kommunikationsstörungen)

Kommunikationsstörungen liegen dann vor, wenn Sie von Ihrer Gesprächspartnerin oder von Ihrem Gesprächspartner nicht richtig verstanden werden.

Für Kommunikationsstörungen gibt es mehrere Erklärungen:

- Das Gespräch erfolgt nicht auf derselben Ebene (siehe Vier-Ohren-Modell).
- Sie sprechen über ein Thema, das Ihre Zuhörerinnen und Zuhörer nicht interessiert.
- Sie sprechen in einer Sprache, die nicht verstanden wird.
- Sie können die Botschaft nicht richtig vermitteln.

Um positiv kommunizieren zu können und damit Sie von der Gesprächspartnerin bzw. vom Gesprächspartner richtig verstanden werden, sollten Sie folgende Wendungen vermeiden:

Schreiben Sie zu den sieben Punkten jeweils ein anderes Beispiel auf und vergleichen Sie Ihre Sätze mit denen Ihrer Sitznachbarin oder Ihres Sitznachbarn. Versuchen Sie dann, die Sätze besser zu formulieren.

Kritisieren: „Da sind Sie aber auf dem Holzweg (auf dem falschen Weg)!"

____

Beschimpfungen: „Sie stellen sich ganz schön dumm an!"

____

Befehle: „Also machen Sie das genauso, wie ich es gesagt habe!"

____

Drohungen: „Wenn Sie das nicht machen, warne ich Sie jetzt schon ...!"

____

Lösungen aufzwingen: „Es gibt nur die Lösung, die ich Ihnen bereits gesagt habe!"

____

Vorwürfe: „Jetzt habe ich Ihnen das schon hundert Mal gesagt!"

____

Nicht für voll nehmen, lächerlich machen: „Naja, da werden Sie noch lange brauchen, bis Sie das schaffen!"

____

Wie Kommunikation gelingt:

- **Denken Sie positiv:** „Alles wird gutgehen!"
- Haben Sie **Selbstvertrauen:** „Ich komme gut bei den Kundinnen und Kunden an!"
- Seien Sie sich **bewusst**, dass negatives Denken zu keinen Lösungen führen kann. Also: „Ich kann alles lernen!"
- **Akzeptieren Sie sich selbst:** „Ich mag mich selbst!"

Eine alltägliche Situation: Wie stehen die Chancen, dass die Frau ihren Mann richtig versteht?
Besprechen Sie dies mit Ihren Kolleginnen und Kollegen.

Eine Frau fragt ihren Mann, ob ihm die nach einem neuen Rezept gekochte Suppe schmecke. Dieser findet die Suppe aber scheußlich, doch da er seine Frau nicht kränken will, sagt er: „Sie schmeckt interessant."

Die Geschichte mit dem Hammer
Ein Mann will ein Bild aufhängen. Den Nagel hat er, nicht aber den Hammer. Der Nachbar hat einen. Also beschließt unser Mann, hinüberzugehen und ihn auszuborgen. Doch da kommt ihm ein Zweifel: Was, wenn der Nachbar mir den Hammer nicht leihen will? Gestern schon grüßte er mich nur so flüchtig. Vielleicht war er in Eile. Aber vielleicht war die Eile nur vorgeschützt und er hat etwas gegen mich. Und was? Ich habe ihm nichts angetan; der bildet sich da etwas ein. Wenn jemand von mir ein Werkzeug borgen wollte, *ich* gäbe es ihm sofort. Und warum er nicht? Wie kann man einem Mitmenschen einen so einfachen Gefallen abschlagen? Leute wie dieser Kerl vergiften einem das Leben. Und dann bildet er sich noch ein, ich sei auf ihn angewiesen. Bloß weil er einen Hammer hat. Jetzt reicht's mir wirklich. – Und so stürmt er hinüber, läutet, der Nachbar öffnet, doch bevor er „Guten Tag" sagen kann, schreit ihn unser Mann an: „Behalten Sie sich Ihren Hammer, Sie Rüpel!"
(Aus: Paul Watzlawick, „Anleitung zum Unglücklichsein")

Was ist in dieser Geschichte passiert? Wie sollte die Handlung richtig verlaufen?
Notieren Sie sich hier Stichwörter und besprechen Sie das Ergebnis in der Klasse.

Aktives Zuhören

Durch aktives Zuhören können Gespräche angenehm und erfolgreich verlaufen. Voraussetzung für das Gelingen von Kommunikation ist, dass wir versuchen, einander zu verstehen.

Verhaltensweisen beim aktiven Zuhören

- **Zuhören und Schweigen:** aufmerksam sein, den anderen aussprechen lassen, Augenkontakt halten ...
- **Ermutigungsreaktionen – Echoantworten:** „Ich verstehe. Aha.", oder die Wiederholung von kurzen Begriffen oder Sätzen ...
- **Klärung und Umschreibung der inhaltlichen Aussage:** in eigenen Worten wiedergeben, was ich gehört habe: „Meinst du damit ...", „Verstehe ich dich richtig ..."
- **Zusammenfassen längerer Ausführungen:** Wenn viele Details (Einzelheiten) berichtet werden, kurz zusammenfassen: „Ich fasse zusammen, was ich jetzt verstanden habe ..."

Diskussion

Ein Thema, aber viele Meinungen

Im Blickpunkt Kompetenzen:

Hier trainieren Sie …

… das richtige Verhalten in der Rolle einer Diskussionsteilnehmerin bzw. eines Diskussionsteilnehmers sowie in der Rolle der Diskussionsleiterin bzw. des Diskussionsleiters.

… das Vorbereiten und Einbringen Ihrer Diskussionsbeiträge.

Die pubertierenden Jugendlichen sind angewiesen auf Eltern, Umfeld und Gesellschaft. Sie haben einerseits das Bedürfnis nach Halt und nach Grenzen, andererseits lehnen sie sich dagegen aber massiv auf, wodurch Konflikte vorprogrammiert sind. Gerade in dieser Entwicklungsphase darf man nicht müde werden, das Gespräch mit den Jugendlichen zu suchen, auch wenn uns die Jugendsprache oft rätselhaft erscheint. Hinhören, Nachfragen, sich Konfrontationen stellen, Mittelwege und Auswege finden, aber auch Widerstand leisten und Zugeständnisse machen, sind absolut wichtige Mittel im Erziehungsprozess.

Erzieherin, 30 Jahre

Ich kann es einfach nicht verstehen, warum sich so viele in meinem Alter niederkübeln müssen und so irre Aktionen liefern. Totaler Wahnsinn! Die Eltern müssten viel mehr darauf achten, was ihre Kinder in der Freizeit machen und mit wem sie unterwegs sind.

Schülerin, 16 Jahre

Es ist schockierend, dass immer mehr Jugendliche zu unfassbar brutalen Gewalttaten fähig sind und diese auch noch für lustvoll halten. Ich kann mich noch gut daran erinnern, wie schon vor einigen Jahrzehnten die Mahnungen von Fachleuten ignoriert wurden, wenn es um das Thema „Kinder und Gewaltfilme“ ging. Der Fernseher wurde damals schon als Ersatzmittel für Erziehung eingesetzt. Und heute ist es noch schlimmer. Unsere Kinder werden von frühester Jugend an Gewaltfilmen und Computerspielen ausgesetzt, die immer brutaler und realer werden.

Pensionistin, 64 Jahre

Übermäßiger Alkoholkonsum war der Grund dafür, dass ich mich nicht mehr unter Kontrolle hatte und wie ein Irrer zugeschlagen habe. Es tut mir leid, was ich angerichtet habe. Zum Glück hat das Opfer keine bleibenden Schäden davongetragen. Während meiner Haftstrafe habe ich viel über das Thema „Gewalt“ nachgedacht und mir fest vorgenommen, dass so etwas nie wieder passieren darf.

Ex-Häftling, 19 Jahre

Leider fallen immer wieder Jugendliche durch ihr negatives Verhalten auf. Trotzdem sollte man nicht darauf vergessen, dass es viele junge Menschen gibt, die sich tadellos benehmen und mit Gewalt oder Kriminalität nichts zu tun haben. Es wäre falsch, alle in einen Topf zu werfen. Vor allem die Medien könnten einiges dazu beitragen, damit die Gesellschaft das Verhalten unserer Jugend nicht so negativ sieht. Es gäbe genügend Anlässe für eine positive Berichterstattung.

Lehrer, 43 Jahre

Was ist Ihre Meinung zur vorliegenden Thematik?

Rund um die Diskussion: Vorbereitung, Regeln und Leitung

Wenn Sie möchten, dass Ihre Diskussion inhaltlich interessant und informativ verläuft, müssen sich alle Diskussionsteilnehmerinnen und -teilnehmer auf das Thema „Jugendgewalt" vorbereiten.

Wie kann man sich auf ein Thema vorbereiten?
Machen Sie in der folgenden Übersicht Notizen:

Informationen beschaffen

Worüber möchten Sie gerne diskutieren?
Formulieren Sie einige Diskussionsthemen:

Warum ist in der Bevölkerung immer mehr Politverdrossenheit zu spüren?

Neben einer fundierten Vorbereitung auf das Thema verlangt eine Diskussion die Einhaltung bestimmter Regeln, um einen geordneten Gesprächsverlauf zu ermöglichen. Dafür sorgt meist eine Diskussionsleiterin oder ein Diskussionsleiter.

Verhaltensregeln

Finden Sie weitere Verhaltensregeln und schreiben Sie diese in die Tabelle:

Diskussionsleiterin bzw. Diskussionsleiter	Diskussionsteilnehmerin bzw. -teilnehmer
stellt das Thema und die Teilnehmerinnen und Teilnehmer vor	meldet sich zu Wort
führt eine Rednerliste	formuliert ihre bzw. seine Argumente in verständlichen Sätzen
behält ihre bzw. seine Meinung für sich	unterbricht die Mitrednerinnen und Mitredner nicht
achtet auf einen geordneten Diskussionsablauf	achtet auf die Argumente der anderen
fasst Zwischenergebnisse und das Endergebnis zusammen	vermeidet Unsachlichkeiten und Beschimpfungen

Argumentation

Konflikte brauchen Lösungen

Ein Konflikt entsteht meist dann, wenn die Zielsetzungen oder die Wertvorstellungen von verschiedenen Personen oder Gruppen unvereinbar sind. Konflikte belasten die zwischenmenschlichen Beziehungen. Darum sollte jeder bestrebt sein, Konflikte so rasch als möglich zu lösen.

Im Blickpunkt Kompetenzen:

Hier trainieren Sie ...

... Konfliktlösungen durch Argumente.

... den Aufbau einer Argumentation.

... durch Argumentieren zu überzeugen.

Konfliktsituationen entstehen durch:
Unfreundlichkeit, Aggression, Gleichgültigkeit, Ignoranz, Provokation ...

Konflikte können überall entstehen:
im privaten Bereich, in der Öffentlichkeit, in der Politik, zwischen den Generationen, im juristischen Bereich usw., z. B. wenn eine Kundin oder ein Kunde mit der Qualität einer Ware nicht zufrieden ist

Zu Konflikten kann es kommen,
wenn Personen streiten, wenn jeder Recht haben will, wenn die Beteiligten verschiedener Meinung sind.

Sprechen Sie darüber, zu welchen Konflikten es in folgenden Situationen kommen kann:

- falsche Schiedsrichterentscheidung – Reaktionen der Spielerinnen bzw. Spieler und Fußballfans
- Scheidung der Eltern – Verhalten beider Elternteile
- verschiedene Familiensituationen – Eltern und Kinder
- Gespräch zwischen Jugendlichen, die gegensätzliche Meinungen vertreten
- Vorurteile gegenüber Ausländerinnen oder Ausländern
- Kritik einer Mitarbeiterin oder eines Mitarbeiters gegenüber der Firmenleitung
- Urlaub – überbuchtes Hotel – Reaktionen der Hotelgäste
- Reklamation – Beanstandung der defekten Ware wird zurückgewiesen
- Spielteilnehmerin bzw. Spielteilnehmer kann nicht ertragen, zu verlieren

Erzählen Sie über Erfahrungen, die Sie in Konfliktsituationen gemacht haben. Warum ist es zu Auseinandersetzungen gekommen?
Wie haben sie geendet?

Worterklärung

→ **Konflikt:** Zusammenstoß, Auseinandersetzung, Streit
→ **Debatte:** Diskussion, Meinungsaustausch
→ **Opposition:** Gegenpartei zur Regierung, Widerstand
→ **Reklamation:** Beanstandung, Beschwerde

Um **Konflikte** gar **nicht erst aufkommen zu lassen**, ist das frühzeitige Ansprechen von Störungen notwendig. Berücksichtigen Sie dabei Folgendes:

- Falls Sie neu in Ihrer Firma sind, beobachten Sie zuerst die Situation, kritisieren Sie nicht gleich.
- Reagieren Sie nicht zornig. Bleiben Sie sachlich.
- Halten Sie sich aus Konflikten heraus, an denen Sie nicht beteiligt sind. Oft weiß man über Vorgeschichte und Hintergründe nicht Bescheid.
- Stimmen Sie nicht zu, falls über Kolleginnen oder Kollegen negativ gesprochen wird.
- Wenn Sie überfordert sind, sagen Sie auch einmal Nein.

Ist ein Konflikt entstanden, beachten Sie folgende Punkte, um ihn zu lösen:

- Konflikt eingestehen
- Fehler zugeben („Ich habe einen Fehler gemacht.")
- zu einer Aussprache bereit sein
- aktiv zuhören
- nachfragen
- unbeteiligte Personen einbeziehen
- keine Killerphrasen verwenden („Das weiß ich besser.")
- eigene Gefühle beschreiben („Ich fühle mich nicht gut in dieser Situation.")
- „Ich-Botschaften" senden („Es ist wichtig für mich, dass …")
- auf die Wünsche der anderen eingehen (Kompromisse schließen)
- eigene Wünsche äußern

In jeder Konfliktsituation ist es wichtig, dass die beteiligten Personen trotz unterschiedlicher Standpunkte einander Wertschätzung und Respekt entgegenbringen. Nur so ist es möglich, dass sich am Ende niemand als Verlierer fühlt.

Sicher waren Sie schon einmal an einem Konflikt direkt oder indirekt beteiligt. Welcher Konflikt war das? Warum ist es zu dieser Situation gekommen? Wer waren die anderen Beteiligten? Wie wurde der Konflikt gelöst? Erzählen Sie Ihren Kolleginnen und Kollegen darüber und sprechen Sie mit ihnen über die jeweiligen Konflikte und Konfliktlösungen.

Überlegen Sie, wie folgende Konflikte gelöst werden können. Machen Sie hier Notizen:

Christina und Mona sitzen in der Berufsschulklasse nebeneinander und wollen nur gemeinsam arbeiten, nie mit anderen.

Stefan fragt bei seinem Chef sehr oft wegen seiner Arbeit nach, die er erledigen muss. Herr Ragner fühlt sich dadurch belästigt.

Wie argumentiere ich richtig?

In Gesprächen, Besprechungen und Diskussionen wollen die Beteiligten meist

- einen Sachverhalt beweisen,
- andere von der Richtigkeit der vorgetragenen Aussagen überzeugen und / oder
- andere in ihren Meinungen beeinflussen.

Beim Argumentieren kommt es darauf an, dass Sie eine **Aussage** oder eine **Behauptung** durch entsprechende **Beweisgründe** bestätigen können. Können Sie das nicht, handelt es sich um Verallgemeinerungen, Vorurteile oder falsche Schlussfolgerungen.

Eine Argumentation besteht im Idealfall aus den folgenden vier Teilen:

- **Behauptung:** Rauchen soll in der Öffentlichkeit verboten werden, ...
- **Begründung:** ... weil es auch für Nichtraucherinnen und Nichtraucher gesundheitsschädlich ist.
- **Beweis / Beispiel:** Es gibt medizinische Untersuchungen, die eindeutig belegen, dass auch Passivrauchen zu einer Erkrankung der Atemwege führt.
- **Schlussfolgerung:** Deshalb sollten Räume, in denen sich zwangsläufig auch Nichtraucherinnen und Nichtraucher aufhalten müssen, zur rauchfreien Zone erklärt werden.

Um einzelne Argumentationsteile inhaltlich zu verbinden, verwendet man entsprechende Bindewörter. In der Übersicht finden Sie Beispiele für mögliche Argumentationsfolgen. Verbinden Sie diese und achten Sie dabei auf die passenden Satzverbindungen.

Behauptung	**Begründung** weil, da, dass, denn, daher, deswegen, darum, wegen ...	**Beweis / Beispiel** so, daher, beispielsweise, deshalb ...	**Schlussfolgerung** daraus folgt, folglich, daraus ergibt sich ...
Umweltschäden nehmen zu	kaum Verzicht auf das eigene Auto	Autoabgase für Umweltschäden verantwortlich	Alternative sind öffentliche Verkehrsmittel
viele Jugendliche greifen zu Drogen	Schwierigkeiten im Privatleben	immer mehr Drogentote auch in Österreich	frühzeitige Aufklärung über die Gefahren des Drogenmissbrauchs
Rauchverbot in Lokalen ist richtig	Gesundheitsgefährdung für Nichtraucherinnen und Nichtraucher	Gefährdung durch Passivrauchen ist nachgewiesen	Rauchverbot in Lokalen muss bleiben

Finden Sie für die folgenden Behauptungen fundierte Argumentationsfolgen
und tragen Sie diese in die Tabelle ein:

Behauptung	**Begründung** weil, da, dass, denn, daher, deswegen, darum, wegen …	**Beweis / Beispiel** so, daher, beispielsweise, deshalb …	**Schlussfolgerung** daraus folgt, folglich, daraus ergibt sich …
Doping im Leistungssport nimmt immer mehr zu			
Alkohol am Steuer ist lebensgefährlich			

Worterklärung

→ **fundiert:** (hier) gut begründete Behauptung
→ **Doping:** unerlaubte Einnahme von Medikamenten zur Leistungssteigerung

Verbinden Sie die Argumentationen aus der oben stehenden Tabelle mit den passenden Bindewörtern
und schreiben Sie die Sätze auf:

Formulieren Sie Behauptungen zu den angeführten Themenbereichen
und stellen Sie Argumentationsfolgen zusammen. Sie können auch andere Themen wählen.

- **Frauenarbeit in der Berufswelt**
- **Jugendkriminalität**
- **Alkohol und Jugendliche**
- **Schönheitsoperationen**

Behauptung	**Begründung** weil, da, dass, denn, daher, deswegen, darum, wegen ...	**Beweis / Beispiel** so, daher, beispielsweise, deshalb ...	**Schlussfolgerung** daraus folgt, folglich, daraus ergibt sich ...

Gewusst wie: Überzeugen

Bei einer Argumentationsfolge kommt es neben dem inhaltlichen Aspekt auch auf die richtige sprachliche Formulierung an. Verwenden Sie die vorangegangenen Themenvorschläge.

Bauen Sie die folgenden Formulierungsvorschläge inhaltlich aus.
Vergleichen Sie dann, welche Sätze Ihre Mitschülerinnen und Mitschüler geschrieben haben.

Allgemeine Phrasen, um Meinungen auszudrücken:

Meiner Meinung nach ______________________________

Meines Erachtens ______________________________

Ich meine / denke, dass ______________________________

____

Ich finde, dass ______________________________

Ich weiß / bin sicher / bin davon überzeugt, dass ______________________________

____

Ich stehe auf dem Standpunkt, dass ______________________________

Es lässt sich feststellen, dass ______________________________

____

Es ist festzustellen, dass ______________________________

Es kann (also) festgestellt werden, dass ______________________________

____

Das macht deutlich, dass ______________________________

Es steht fest, dass ______________________________

____

Es ist eine Tatsache, dass ______________________________

____

Phrasen, um Meinungen vorsichtig auszudrücken:

Mir scheint, dass ______________________________

____

Ich glaube / vermute, dass ______________________________

____

Es ist / wäre möglich, dass ______________________________

____

Es ist zu hinterfragen, ob ______________________________

____

Es stellt sich die Frage, ob ______________________________

Phrasen, um eine gegenteilige Meinung zu äußern oder Zweifel zu äußern:

Mir scheint dagegen, dass ______________________________

____

Ich bin jedoch der Ansicht, dass ______________________________

____

Ich vertrete dagegen die Auffassung, dass ______________________________

____

Es ist zweifelhaft, ob ______________________________

____

Ich stimme dieser Meinung nur teilweise zu, weil ______________________________

____

Ich bin nicht davon überzeugt, dass ______________________________

____

Ich halte es für äußerst problematisch, dass ______________________________

____

Ich bin nicht einverstanden damit, dass ______________________________

____

Ich möchte der Auffassung von ______________________________ widersprechen, dass

____

____

Phrasen, um Zustimmung auszudrücken:

Ich bin gleicher Meinung wie Sandra, dass ______________________________

____

Ich vertrete auch die Meinung von Albert, dass ______________________________

____

Der Meinung von Roman ist zuzustimmen, wenn er behauptet, dass ______________________________

____

Phrasen, um die Äußerungen anderer wiederzugeben:

Professor Reinwald behauptet / sagt / schreibt, dass ______________________________

____

Wie die Expertin Frau Dr. Neumann schreibt, ______________________________

____

Laut ihrer Studie ______________________________

Pro- und Kontra-Argumentation

Welche der folgenden Überlegungen sind Argumente für (pro) und welche gegen (kontra) die Notengebung?

Argumente für die Notengebung **Argumente gegen die Notengebung**

Noten machen nur Angst und gefährden deshalb die Entwicklung der Schülerinnen und Schüler.

Noten bestärken die Freude am Lernen.

Im Sport nehmen Kinder und Jugendliche den gnadenlosen Leistungsvergleich (Zeitmessung) freiwillig und gerne in Kauf.

Schlechte Noten entmutigen.

Eine verbale Beurteilung ist differenzierter. Ziffern sagen nichts aus darüber, wo die Stärken und Schwächen einer Schülerin bzw. eines Schülers liegen.

Der Vergleich mit anderen ist notwendig, weil man auch im späteren Leben z. B. mit Kolleginnen und Kollegen verglichen wird.

Finden Sie Pro- und Kontra-Argumente zu folgenden Themen:

- **Rauchverbot in Lokalen**

Rauchen pro: ______________________________

____

Rauchen kontra: ______________________________

____

- **Führerschein mit 16**

Führerschein pro: ______________________________

____

Führerschein kontra: ______________________________

____

Erfolgreich telefonieren

Im Blickpunkt Kompetenzen:

Hier trainieren Sie ...

... professionelles Telefonieren.

... das Einholen und Wiedergeben von berufsbezogenen Informationen.

Kreuzen Sie in der folgenden Übersicht jene Berufe an, in denen sehr häufig Telefongespräche geführt werden müssen:

- O Maschinenbautechniker / in
- O Ärztin / Arzt
- O Bankkauffrau / Bankkaufmann
- O Platten- und Fliesenleger / in
- O Immobilienkauffrau / Immobilienkaufmann
- O Steinmetz / in
- O Speditionskauffrau / Speditionskaufmann
- O Kfz-Techniker / in
- O Kanzleiassistent / in
- O Bürokauffrau / Bürokaufmann
- O Gärtnerfacharbeiter / in
- O Diplompädagogin / Diplompädagoge
- O Reisebüroassistent / in
- O Rechtsanwältin / Rechtsanwalt

Nennen Sie Beispiele, warum gerade in diesen Berufen Telefonate wichtig sind.
Worauf können sich die Telefongespräche beziehen?

Welche Anlässe erfordern es, dass man sich mit den folgenden öffentlichen Einrichtungen telefonisch in Verbindung setzt? Ergänzen Sie die jeweiligen Telefonnummern:

Feuerwehr:
(Notruf)
Polizei:
(Notruf)
Rettung:
(Notruf)

Arzt:
(Hausärztin / Hausarzt)
Krankenhaus:
(nächstgelegenes)
Schule:
(BS)

Arbeitgeber:
(mein Arbeitsplatz)
Gemeindeamt:
(Wohnsitz)
Geldinstitut:
(meine Bank)

Tipps zum professionellen Verhalten am Telefon

Telefonieren ist ein wichtiger Bestandteil unseres Berufs- und Alltagslebens, daher wenden wir auch immer mehr Zeit auf für diese Art des Kommunizierens. Auf wichtige Telefongespräche sollte man sich entsprechend gut vorbereiten, um das gewünschte Ziel bzw. Ergebnis zu erreichen.

Tipps bei beruflichen Telefonaten:

- Der günstigste Zeitpunkt, Firmen oder öffentliche Einrichtungen telefonisch zu kontaktieren, ist der **Vormittag**.
- Machen Sie sich bewusst, **welchem Ziel das Telefonat dient** und wie Sie es erreichen wollen.
- Legen Sie **Schreibzeug**, **Papier** und auch notwendige **Unterlagen** bereit.
- Versuchen Sie mögliche Störungen im Vorfeld zu vermeiden.
- Entspannen Sie sich und **lächeln** Sie ein wenig. Das kann Ihr Gegenüber zwar nicht sehen, aber deutlich hören. Ihre Stimme klingt dann gleich sympathischer.
- **Begrüßen** Sie Ihre Gesprächspartnerin bzw. Ihren Gesprächspartner freundlich.
- Melden Sie sich mit Ihrem **Vor- und Nachnamen.**

Wichtige Verhaltensrichtlinien für ankommende Gespräche:

kurz – klar – kundenorientiert – konzentriert

- **freundliche Begrüßung** und Benennung der Unternehmensbezeichnung
- **Notieren des Namens** der Anruferin bzw. des Anrufers, um sie bzw. ihn im Gespräch persönlich anreden zu können
- die Gesprächspartnerin bzw. den Gesprächspartner beim Vortragen des Anliegens **ausreden lassen**, aktives Zuhören, gegebenenfalls Rückfragen stellen
- volle **Konzentration** auf die Anruferin bzw. den Anrufer
- **gezielte Fragen** stellen, um Wünsche und Probleme schnell und genau zu erfassen
- **Informationen**, wie weitergeholfen werden kann
- **Zusammenfassung** des Gesprächs bzw. der Vereinbarungen (Dank für den Hinweis, Angebot des schnellen Rückrufs, Hinweis auf Weiterleiten der Informationen ...)
- freundliche **Abschlussformel**

Wenn Sie in Ihrem Betrieb das Telefon abheben, gibt es häufig einen bestimmten Text, mit dem Sie die Kundinnen bzw. Kunden begrüßen. **Welcher Text fällt Ihnen dazu ein?**

Kennen Sie alle Produkte, die Ihr Betrieb führt? Wählen Sie eines aus, das Sie anschließend in einem Rollenspiel Ihrer Kollegin bzw. Ihrem Kollegen in einem Telefonat anbieten. Machen Sie sich Notizen:

Dokumentieren Sie Ihre Gespräche: Telefonnotiz

Telefongespräche im beruflichen Alltag sollten sowohl vom Anrufenden als auch vom Angerufenen protokolliert werden. Zeitpunkt, Inhalt, erforderliche Maßnahmen, Name (ev. Position) der Gesprächspartnerin bzw. des Gesprächspartners sind wesentliche Punkte einer Telefonnotiz. Dies gilt für die eigenen Telefonate, besonders aber für Anrufe, die für abwesende Mitarbeiterinnen und Mitarbeiter entgegengenommen werden.

Falls Sie ein Wort oder einen Namen nicht richtig verstehen, fragen Sie nach bzw. lassen Sie den Kunden buchstabieren. Dazu ist es notwendig, das **Buchstabieralphabet** zu kennen:

A = Anton	**Q** = Quelle
B = Berta	**R** = Richard
C = Cäsar	**S** = Siegfried
D = Dora	**T** = Theodor
E = Emil	**U** = Ulrich
F = Friedrich	**V** = Viktor
G = Gustav	**W** = Wilhelm
H = Heinrich	**X** = Xaver
I = Ida	**Y** = Ypsilon
J = Julius	**Z** = Zürich
K = Konrad	
L = Ludwig	**Sch** = Schule
M = Martha	**ß** = scharfes S
N = Nordpol	**Ä** = Äquator
O = Otto	**Ö** = Österreich
P = Paula	**Ü** = Übel

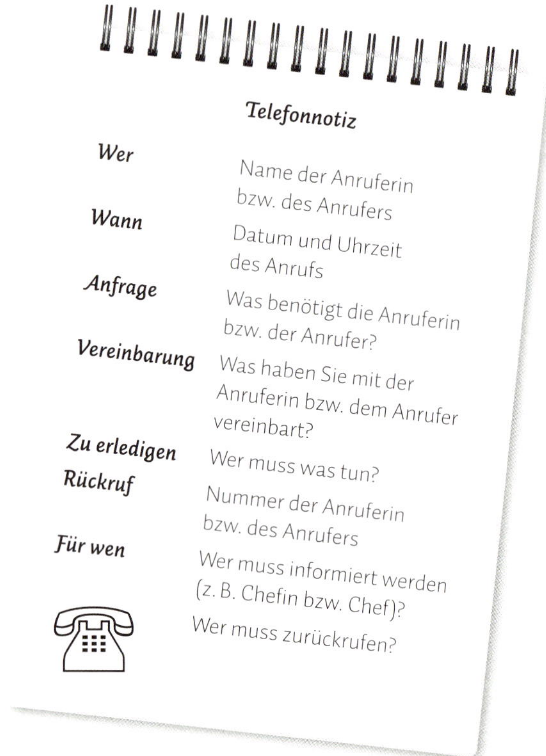

Buchstabieren Sie Ihrer Sitznachbarin bzw. Ihrem Sitznachbarn Ihren Vor- und Familiennamen und die Straße, in der Sie wohnen.

Entwerfen Sie eine Telefonnotiz und machen Sie Notizen zu folgendem Telefonat:

Im Geschäft des Elektroinstallateurs Thomas Kargel läutet am 23. April um 8:40 Uhr das Telefon. Markus, der Lehrling, hebt ab.
Eine Kundin, Frau Mangler, möchte ihren Durchlauferhitzer überprüfen lassen und bittet um einen Termin.
Die Sekretärin solle sie bitte unter der Nummer 0664 123 45 67 noch vormittags zurückrufen.

Referat und Präsentation

Ein Referat erfolgreich vorbereiten und halten

Wer ein Referat hält, will über einen Sachverhalt oder über eine Person informieren, zum Nachdenken anregen, überzeugen oder eine Diskussion in Gang bringen. Als Inhalt eines Referats eignet sich deshalb jedes Thema, das bei einer bestimmten Zuhörergruppe auf Interesse stößt.

Im Blickpunkt Kompetenzen:

Hier trainieren Sie …

… die Vorbereitung auf Ihr Referat.

… die richtige Präsentation Ihres Referats.

… das Geben und Nehmen von Feedback.

Vorbereitung und Arbeitsplanung zur Erstellung eines Referats

Themenwahl: Was interessiert Sie? Was interessiert das Publikum? Welche Botschaften möchten Sie vermitteln?

Materialsammlung: Beschaffen Sie Artikel aus Zeitungen und Zeitschriften, Kapitel aus Fachbüchern oder Informationsbroschüren. Recherchieren Sie auch im Internet. Was ist wichtig?
Worauf kann verzichtet werden? Was interessiert die Zuhörerinnen und Zuhörer besonders?

Materialauswertung: wichtige Begriffe markieren, kurze Sätze oder wichtige Aussagen herausschreiben (exzerpieren)

Gliederung: Wenn der Text des Referats in **einzelne Abschnitte** gegliedert wird, behalten Zuhörerinnen und Zuhörer leichter die Übersicht. Während des Vortrags sollten die Gliederungspunkte genannt werden.
Beispiel:
„Ich komme zu einem weiteren Punkt …"
„Als Nächstes berichte ich über …"
„Zum Schluss möchte ich …"

Ausarbeitung: Referat übersichtlich und in eigenen und leicht verständlich formulierten Sätzen vorbereiten:
Einleitung: weckt das Interesse und führt zum Thema hin
Hauptteil: beinhaltet alle wichtigen sachlichen Informationen
Schluss: eigene Stellungnahme, die die Zuhörerinnen und Zuhörer zum weiteren Nachdenken (Reflexion) anregen soll; ein Appell, etwas Bestimmtes zu tun: „Nehmt keine Drogen!"

Optische Aufbereitung: Folien, Dias, Tafelbild, Flipchart, Plakat …

Worüber möchten Sie referieren? Falls Ihnen kein Thema einfällt, orientieren Sie sich an den Thementagen und -wochen.

Interessiert die Leute mein Thema?
Wie lange darf ich reden?
Wie gliedere ich mein Referat?
Darf ich einen Stichwortzettel verwenden?

Nicht nur der Inhalt zählt, auch das Präsentieren

Von den Fähigkeiten einer Referentin bzw. eines Referenten und der Vielfältigkeit und Verflochtenheit des Themas hängt es ab, ob sich jemand zutraut, frei zu sprechen, eine vollständig ausgearbeitete schriftliche Fassung des Vortrags benötigt oder sich an einen Stichwortzettel hält. Dieser soll knapp abgefasst sein und keine ausgefeilten Sätze enthalten.

Fassen Sie hier zu Ihrem Referat einen Stichwortzettel ab. In den Feldern sehen Sie, worauf dabei zu achten ist.

übersichtliche Gestaltung

gute Lesbarkeit

Notizen zur Zeitplanung und zum Medieneinsatz

richtige Reihenfolge der Gedanken

Nummerierung und einseitige Beschriftung bei mehreren Stichwortzetteln

Pfeile zur Verdeutlichung des Gedankenablaufs

Hervorheben einzelner bzw. zusammengehörender Punkte durch farbliche Markierung, gleiche oder unterschiedliche Schriftgröße ...

Beim Vortrag des Referats sollten Sie Folgendes beachten:

- **Blickkontakt** mit dem Publikum halten
- **laut genug**, **nicht** zu **schnell** oder **monoton** sprechen
- **gewählte**, **deutliche Aussprache**, vermeiden Sie umgangssprachliche Formulierungen
- **kurze**, **klare** Ausdrucksweise
- **Erklären** von Fremdwörtern und Fachausdrücken
- Vermeiden von **Gedankensprüngen**
- **ruhig** bleiben

Lampenfieber kann belastend sein und blockierend wirken. Atmen Sie daher vor dem Referat noch richtig durch (Bauchatmung), um innere Ruhe und Sicherheit zu finden.

Nicht immer einfach: Feedback geben und nehmen

Feedback gibt uns Auskunft, **wie wir mit unserem Verhalten auf andere wirken**. Oft entspricht das, was wir selbst empfinden **(Selbstbild)**, nicht dem, wie andere uns sehen **(Fremdbild)**. Darum kann es durchaus hilfreich sein, zu erfahren, wie uns andere sehen.

Feedback kann zum Beispiel nach einem Vortrag gegeben werden. Die Zuhörerinnen und Zuhörer **beobachten** die Vortragende oder den Vortragenden und machen sich Notizen zu folgenden Punkten: **Inhalt**, **Sprache**, **Medien**, **Auftreten der Person**. Die Verwendung eines Beobachtungsblattes erweist sich hier als sinnvoll.

Beispiel eines Beobachtungsblattes:

Stichwortartige Beschreibung

Präsentation von: Name der bzw. des Vortragenden
Thema:
Beobachtung des Inhaltes: Aufbau, sachliche Richtigkeit …
Beobachtung der Sprache: Aussprache, Betonung, Ausdrucksweise …
Beobachtung der verwendeten Medien: Einsatz von Videos, Folien, Tafelbildern …
Beobachtung des Auftretens: Selbstsicherheit, Körpersprache, Blickkontakt …

Durch richtiges **Feedback** erfährt der Empfänger, wie er auf andere wirkt. Somit kann er Verhaltensweisen, die bei anderen positiv ankommen, bewusst einsetzen, negative überdenken und gegebenenfalls ändern.

Diskutieren Sie, ob eine Mitschülerin oder ein Mitschüler nach ihrer bzw. seiner Präsentation ein Feedback vor der Klasse ablehnen kann.

Worterklärung

→ **Feedback:** Rückmeldung, Rückkoppelung

Feedbackregeln

Beim Geben und Nehmen von Feedback ist es besonders wichtig, wie Sie dabei vorgehen. Nehmen Sie Rücksicht auf andere und vermeiden Sie es, andere zu verletzen. Vermitteln Sie Ihren Kolleginnen und Kollegen nicht das Gefühl, die Unterlegene bzw. der Unterlegene zu sein. Vermeiden Sie, andere zu beschimpfen, und formulieren Sie Ihre Kritik nicht negativ.

Hinweise zum Geben von konstruktivem Feedback:

- **Feedback soll im richtigen Moment gegeben werden:**
  Es sollte unmittelbar erfolgen, wobei es manchmal auch besser sein kann, den richtigen Zeitpunkt abzuwarten.
  (Zwei Wochen nach einer Präsentation ist es zu spät.)
- **Feedback soll ausführlich und konkret sein:**
  Nehmen Sie sich dafür Zeit und überlegen Sie sich konkrete Vorschläge.
  („Wenn du ein bisschen lauter sprichst, versteht man dich auch in der letzten Reihe.")
- **Feedback soll ehrlich sein:**
  Wenn Sie jemandem Rückmeldung über ihre bzw. seine Präsentation oder das Verhalten geben, seien Sie offen und ehrlich, aber nicht verletzend. Bleiben Sie sachlich und freundlich.
- **Feedback soll nicht wertend, sondern beschreibend sein:**
  Verbinden Sie ihr Feedback mit „Ich-Botschaften".
  („Ich hatte den Eindruck, dass ...")

Hinweise zum Annehmen von Feedback:

- Bestimmen Sie, **ob**, **wann** und **worüber** Sie Feedback haben wollen.
- **Hören Sie** in Ruhe **zu**, **fragen Sie nach**, wenn Sie eine Aussage nicht verstanden haben.
- Verteidigen Sie sich nicht sofort. Lassen Sie sich **Zeit**, die Argumente zu verarbeiten.
- Teilen Sie Ihre **Gefühle** nach dem Feedback mit.
- **Bedanken** Sie sich für das Feedback.
- **Feedback darf kein Zwang sein:**
  Hören Sie sich in Ruhe an, was man Ihnen zu sagen hat. Anschließend können Sie entscheiden, ob Sie Ihr Verhalten beibehalten oder ändern möchten.

Eine Schülerin oder ein Schüler fragt jeweils den anderen:

„Welche Verhaltensweisen kommen bei dir positiv an?"

„Welche Verhaltensweisen kommen bei dir negativ an?"

Die Mitschülerinnen und Mitschüler antworten jeweils mit einem Verhaltensbeispiel und beschreiben dieses kurz. Sie brauchen sich nicht zu verteidigen, dürfen aber nachfragen, wenn Aussagen für sie unklar sind.

Gewusst wie: Wege beschreiben

Im Blickpunkt Kompetenzen:

Hier trainieren Sie …

… genaue Hinweise zu geben, um einen Weg zu beschreiben.

Waren Sie schon einmal in der Situation, dass Sie jemandem bei der Suche nach einem bestimmten Weg geholfen haben?

Wenn Sie jemandem einen Weg beschreiben, müssen Sie **genaue Hinweise** geben:

- Geben Sie die **Richtung** genau an: links, halblinks, geradeaus …
- Nennen Sie die **Straßennamen**, sofern Sie Ihnen bekannt sind.
- Verweisen Sie auf **örtliche Besonderheiten:** Supermarkt, Bahnhof, Kirche …

„Können Sie mir bitte sagen, wie ich in die Karl-Adrian-Straße komme?“

Zuerst gehen Sie die Saint-Julien-Straße in Richtung Salzach und weiter über die Brücke. Dann kommen Sie in die Ignaz-Harrer-Straße. Gehen Sie weiter bis zur Kreuzung mit der Rudolf-Biebl-Straße. Dort biegen Sie links ab und gehen unter der Eisenbahnunterführung durch. Sie kommen anschließend am Landeskrankenhaus vorbei. Gehen Sie die Rudolf-Biebl-Straße weiter, bis Sie auf der rechten Seite die Zaunergasse sehen. In dieser Gasse beginnt nach ca. 10 m links die Karl-Adrian-Straße.

Standort

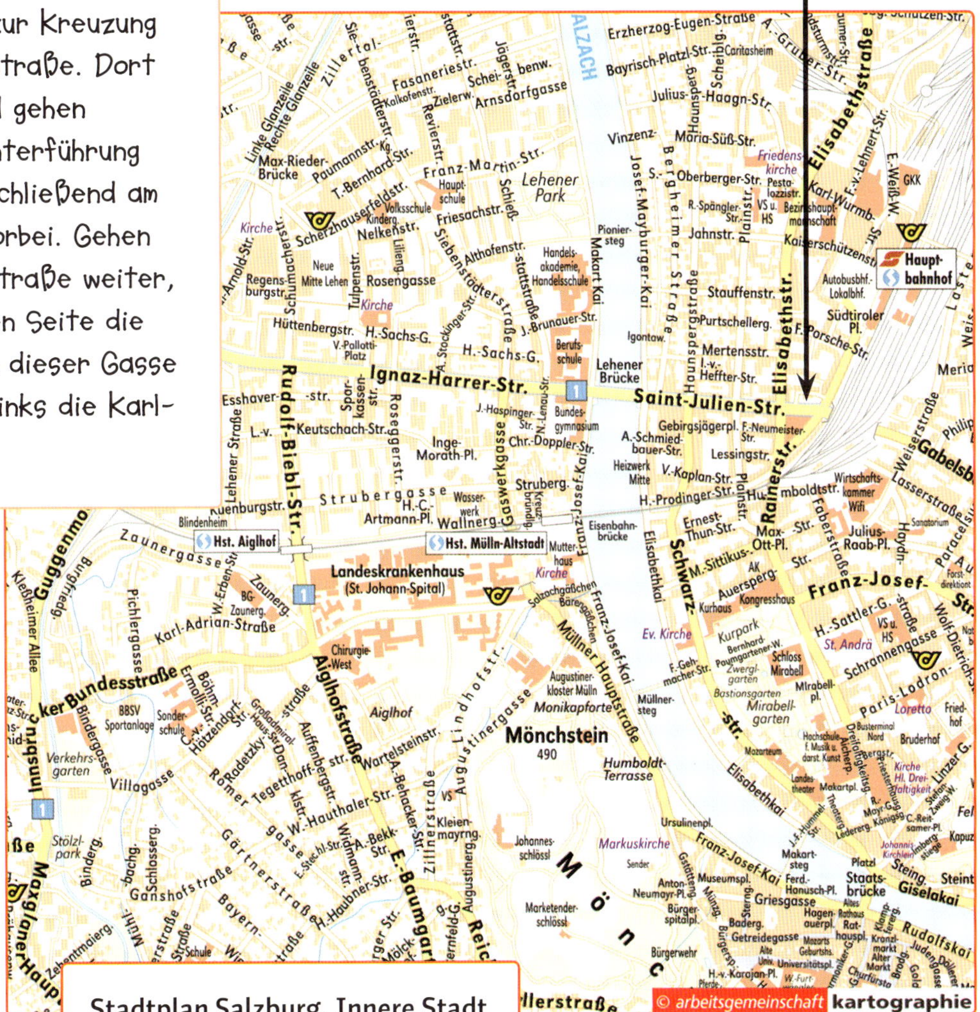

Stadtplan Salzburg, Innere Stadt

Verfassen Sie eine Wegbeschreibung von Ihrer Wohnadresse zu Ihrem Arbeitsplatz.

Beschreiben Sie folgende Wege mithilfe des Stadtplans von Wien:

1. Sie wollen von der Neutorgasse zur Oper am Opernring:

2. Wie kommen Sie von der Hegelgasse zum Stephansplatz?

3. Welchen Weg wählen Sie von der U-Bahn-Station Schottenring zur Freyung?

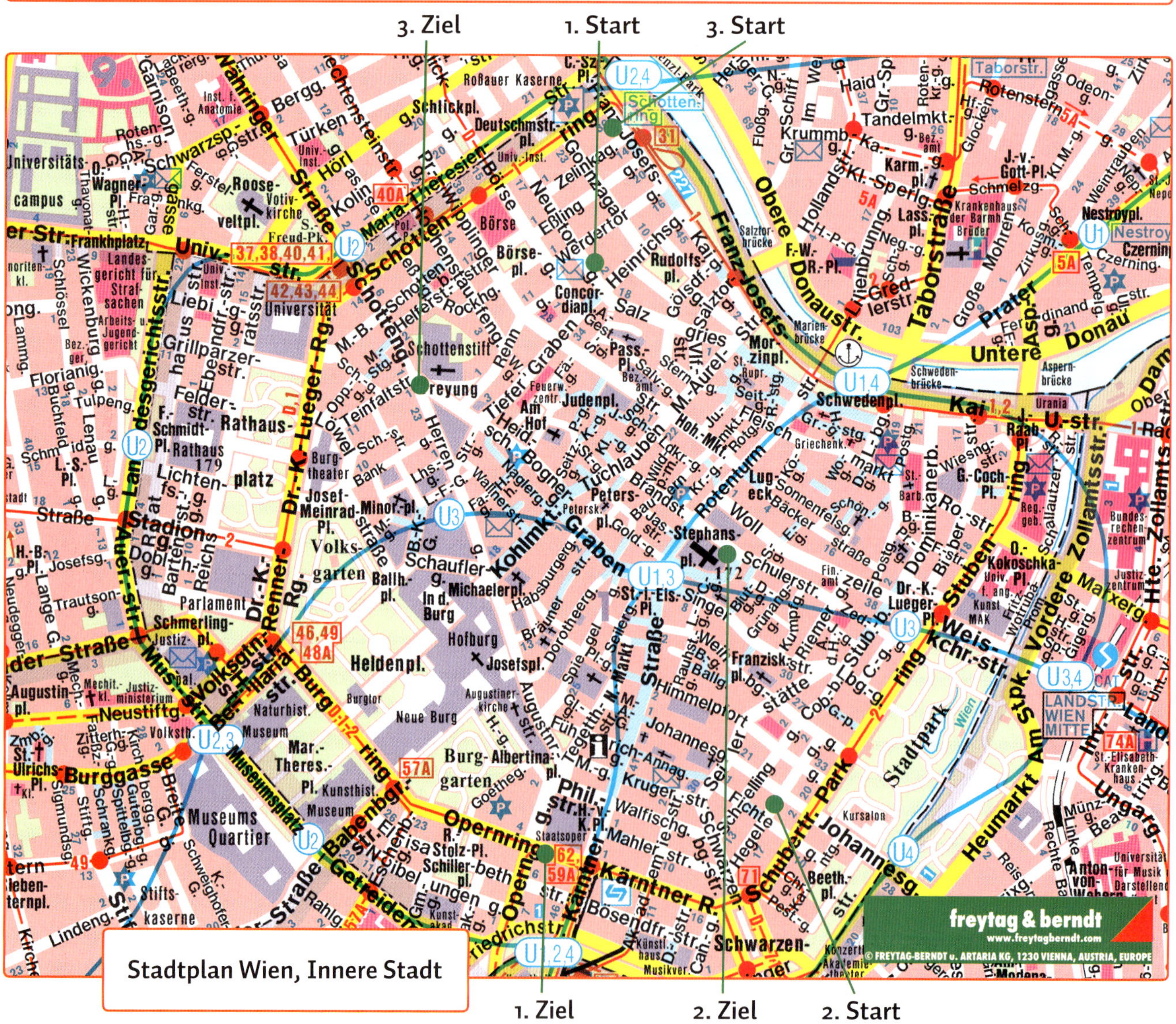

Stadtplan Wien, Innere Stadt

Beruf und Vorstellungsgespräch

Soziale Kompetenz verbessern (Softskills)

Geben Sie den Begriff „Softskills“ in die Suchmaschine Google ein und recherchieren Sie, was man darunter versteht.
Schreiben Sie eine kurze Definition auf:

____

____

____

____

Im Blickpunkt Kompetenzen:

Hier trainieren Sie …

… die richtige Vorbereitung auf ein Vorstellungsgespräch.

… das richtige Verhalten bei Vorstellungsgesprächen.

- **Flexibilität und Mobilität**

„Flexibel sein“ heißt, bereit sein, sich neuen Herausforderungen zu stellen und diese in den Griff zu bekommen. Dazu gehört auch die Bereitschaft zur Mobilität. Die ideale Arbeitnehmerin bzw. der ideale Arbeitnehmer von heute muss räumlich unbedingt beweglich sein. Die globalen Märkte verlangen von den Unternehmen, schnell auf neue Standortfaktoren zu reagieren.

- **Emotionale Intelligenz**

Gemeint ist damit das „natürliche“ Geschick im Umgang mit Kolleginnen und Kollegen. Dazu gehören auch Team-, Kommunikations- und Integrationsfähigkeit.

- **Kreativität**

Als kreativ gelten allgemein Künstlerinnen und Künstler, was in einigen Berufsbereichen auch gefordert ist. Kreativität in der Arbeitswelt bedeutet aber auch: Neues schaffen, eigenständig Lösungen für Probleme finden, neue Ideen in den Raum stellen und einfallsreich sein.

- **Motivation**

Psychologinnen und Psychologen verstehen unter Motivation „die Summe aller Gründe, die menschliches Handeln in Gang setzen“. Als hoch motiviert gilt am Arbeitsplatz, wer in hohem Maß bereit ist, sich für seine Arbeit einzusetzen, ohne dass seine Chefin oder sein Chef ihn ständig antreiben muss.

- **Durchsetzungsvermögen**

Vor allem Führungskräfte sollten ihre Ideen, Ziele und Vorstellungen im Kolleginnen- und Kollegenkreis durchsetzen können, was aber nicht heißt, mit Gewalt gegen Mitarbeiterinnen und Mitarbeiter vorzugehen. Das richtige Gespür zu haben, ist eine wichtige Schlüsselqualifikation aus dem Bereich der sozialen Kompetenz.

- **Analytisches und logisches Denken**

Logisches Denken bedeutet, Zusammenhänge zu erkennen, sie richtig zu strukturieren und übersichtlich zusammenzufassen sowie diese richtig zu interpretieren und daraus Schlüsse zu ziehen. Viele Einstellungstests arbeiten daher mit Textanalyseaufgaben, in denen man sein analytisches Denkvermögen unter Beweis stellen soll.

(Quelle: focus.mon.de/jobs/Karriere/schlüsselqualifikationen, überarbeitet)

Worterklärung

→ **global:** weltweit

→ **Standortfaktoren:** Umstände, die den Standort einer Firma betreffen

→ **strukturieren:** gliedern

→ **interpretieren:** erklären, richtig oder falsch auslegen

→ **Analyse:** genaues Untersuchen der Einzelheiten

Welche Schlüsselqualifikationen sind in den folgenden Situationen gefragt?
Ordnen Sie jeder Situation die entsprechende(n) Schlüsselqualifikation(en) zu:

- Bereitschaft, Kritik zu akzeptieren ______________________
- Tätigkeiten, die vom bisherigen Aufgabenbereich abweichen ______________________
- Einsatz für Montagearbeiten ______________________
- Möglichkeiten der Weiterbildung, Besuch von Seminaren ______________________
- Analyse von Arbeitsschritten ______________________
- Vorgabe bestimmter Regeln ______________________
- Gesprächsbereitschaft ______________________
- Gleichbehandlung aller Firmenmitglieder ______________________
- Forschung, Technologieentwicklung ______________________
- Arbeiten im Team mit ausländischen Kolleginnen und Kollegen ______________________
- Werbebranche – Plakat- und Textgestaltung ______________________
- Leiharbeiterinnen und -arbeiter ______________________
- Möbel-, Stoff- und Schmuckdesign ______________________
- Möglichkeit, eigene Vorschläge in ein Unternehmen einbringen zu können ______________________
- Urlaubssperre aufgrund vermehrter Aufträge ______________________
- Tolerantes Verhalten gegenüber Personen mit besonderen Bedürfnissen ______________________
- Trainerin oder Trainer in der Erwachsenenbildung ______________________

Gut vorbereitet zum Vorstellungsgespräch

Im Mittelpunkt des Vorstellungsgesprächs steht die Frage, ob Sie von Ihrer Persönlichkeit her in das Unternehmen bzw. in das Mitarbeiterinnen- und Mitarbeiterteam passen könnten. Um das herauszufinden, werden Sie mit einer Reihe von Fragen konfrontiert, auf die Sie vorbereitet sein und entsprechende Antworten parat haben sollten. Überlegen Sie sich auch, welche Fragen Sie zum Unternehmen stellen könnten.

Tipps für ein persönliches Vorstellungsgespräch:

- Holen Sie **Vorinformationen zum Betrieb** ein. Diese finden Sie meist auf der Homepage des Unternehmens.
- Nehmen Sie **alle Unterlagen** mit, auch wenn das Unternehmen diese bereits hat. Vielleicht nimmt noch eine weitere Mitarbeiterin oder ein weiterer Mitarbeiter am Bewerbungsgespräch teil.
- Das **pünktliche Erscheinen** zum Vorstellungsgespräch ist eine wesentliche Voraussetzung für einen positiven Gesprächsverlauf.
- Ein **gepflegtes und höfliches Auftreten** sind sehr wichtig.
- Sie sollten Ihre Gesprächspartnerin oder Ihren Gesprächspartner mit einer **klar formulierten Begrüßung** ansprechen. Stellen Sie sich mit Ihrem vollen Namen vor, auch wenn Sie annehmen, dass die Gesprächspartnerinnen bzw. Gesprächspartner Ihren Namen bereits kennen. Vergessen Sie nicht auf einen **festen Händedruck**.
- Warten Sie, bis Ihnen ein Platz angeboten wird.
- Bleiben Sie **natürlich und ruhig** und nehmen Sie eine **aufrechte Sitzposition** ein.
- Verschränken Sie Ihre Arme nicht vor der Brust, dies wirkt abweisend, distanziert und deutet auch auf Unsicherheit hin.
- Halten Sie während des gesamten Gesprächs den **Blickkontakt** mit Ihrer Gesprächspartnerin bzw. mit Ihrem Gesprächspartner aufrecht. Dies signalisiert Aufmerksamkeit und Wertschätzung.
- **Bedanken** Sie sich am Ende für das Gespräch.

Spielen Sie ein Bewerbungsgespräch in einer Firma Ihrer Wahl (Chefin bzw. Chef – Bewerberin bzw. Bewerber). Erinnern Sie sich noch an Ihr eigenes Vorstellungsgespräch?
Die Mitschülerinnen und Mitschüler hören konzentriert zu und machen sich Notizen, was sie gut bzw. weniger gut finden, wie sie selbst die Rollen gespielt hätten und was ihnen bei dem Gespräch sonst noch aufgefallen ist.

Fragen, die Ihnen im Laufe eines Bewerbungsgesprächs gestellt werden könnten:

Warum haben Sie sich gerade bei unserer Firma beworben?

Was machen Sie in Ihrer Freizeit? Welche Interessen und Hobbys haben Sie?

Was hat Sie an der Stellenausschreibung besonders angesprochen?

Was sind Ihre Lieblingsfächer in der Schule?

Welche Unterrichtsfächer liegen Ihnen nicht besonders gut – und warum?

Was wissen Sie über unser Unternehmen? Woher kennen Sie unseren Betrieb?

Wie gehen Sie mit Konflikten um?

Welcher Beruf käme für Sie sonst noch in Frage?

Interessieren Sie sich für Politik?

Worin liegen Ihre Stärken?

Warum haben Sie sich für diesen Berufszweig entschieden?

Haben Sie sonst noch Fragen?

Wie würden Sie sich selbst charakterisieren?

Warum sollten wir gerade Sie einstellen?

Wann könnten Sie die Stelle antreten?

Welche persönlichen Schwächen haben Sie?

Erzählen Sie mir etwas über sich.

Fragen, die allzu sehr ins Persönliche gehen und Themen ansprechen, auf die man nur im engsten Freundes- oder Familienkreis eingehen möchte, können bei einem Bewerbungsgespräch abgelehnt werden.

Welche Beispiele fallen Ihnen dazu ein?

03

Schriftliche Kommunikation

Was Sie in diesem Kapitel erfahren:

Der richtige Umgang mit Formularen

Das Erstellen von Mitschriften
Notizen, Berichte, Protokolle

Allgemeines zur Erörterung
Definition
Vorgehensweise
Sprachlicher Ausdruck

Erstellen von Mitschriften, Notizen, Berichten und Protokollen

Im Blickpunkt Kompetenzen:

Hier trainieren Sie …

… das richtige Verfassen und Bearbeiten von Mitschriften, Notizen, Berichten und Protokollen.

… den richtigen Einsatz von Mitschriften, Notizen, Berichten und Protokollen als Hilfsmittel.

Mitschrift und Notizen

Eine **Mitschrift** enthält das **Gerüst einer Unterrichtsstunde**, **eines Vortrags** oder **eines Seminars**.
Sie werden selbst schon erfahren haben, dass Sie nicht alles wortgetreu mitnotieren können. Vielmehr müssen Sie **genau zuhören** und auch **mitdenken**.
Sie müssen eine **eigene Gliederung** finden und Unwichtiges von Wichtigem unterscheiden.
Sie sollten schließlich Ihre Notizen später noch nachvollziehen und zum Lernen heranziehen können.

Ein paar Tipps für eine gelungene Mitschrift:

- **Hören** Sie der Rednerin bzw. dem Redner zuerst gut zu und schreiben Sie dann den Hauptgedanken nieder.
- Schreiben Sie **stichwortartige Sätze** auf.
- **Kürzen** Sie Wörter sinnvoll ab.
- Notieren Sie **Namen vollständig**, um später gegebenenfalls danach suchen zu können.
- Lassen Sie Raum für nachträgliche Ergänzungen.
- Notieren Sie **Literaturhinweise**.

Eine **Notiz** ist eine **schriftliche Aufzeichnung, die die wichtigsten Informationen über Gehörtes oder auch Gelesenes enthalten soll**.
Meist soll sie den Inhalt eines Gespräches kurz festhalten und als Gedächtnisstütze oder als Anweisung für andere dienen.

So notieren Sie richtig (siehe auch Abschnitt Telefonnotiz):

- Was ist das **Thema**? Worum handelt es sich?
- Wen betrifft es? Um welche **Person** handelt es sich?
- Wo? Gibt es einen **Ort**?
- Wann (**Zeitpunkt**)?

Eine Schülerin oder ein Schüler liest einen Artikel. Die anderen hören zu und machen Notizen.
Anschließend versuchen einige aus der Klasse den Inhalt des Artikels mithilfe ihrer Notizen wiederzugeben.

Bericht

Der **Bericht** soll ein **Ereignis** möglichst **wirklichkeitsgetreu darstellen**. Er kann mündlich oder schriftlich erfolgen.

WER? Personen

WAS? Ereignis

WANN? Zeit

WO? Ort

WIE? Umstände

WARUM? Ursachen

Schreiben Sie auf, welche Berichte Sie kennen:

____

____

____

____

Tipps zum Verfassen eines Berichts:

- Beschreiben Sie die Fakten: **WER? WAS? WANN? WO? WIE? WARUM?**
- Vermeiden Sie persönliche Gefühlsäußerungen.
- Schreiben Sie immer in der **Mitvergangenheit** (im Präteritum).
- Beachten Sie die **Reihenfolge** der Geschehnisse.
- Erzählen Sie **Tatsachen** und **vermeiden Sie Ausschweifungen**.

Arbeiten Sie mit folgenden Angaben: Der Kochlehrling Peter Pirkner verletzt sich beim Zerkleinern von Gemüse mit dem Messer die Hand (Details können Sie erfinden). Der Lehrberechtigte muss eine schriftliche Unfallmeldung machen und ersucht Peter um einen kurzen schriftlichen Unfallbericht. Peter hält sich an die sechs W-Fragen.
Notieren Sie Stichwörter zu den W-Fragen und verfassen Sie dann einen kurzen Bericht über den Vorfall:

WER	WAS	WANN
WO	**WIE**	**WARUM**

____

____

____

____

____

____

____

Protokoll

Das **Protokoll** ist eine **Niederschrift**, ein **Besprechungs- oder Tagesbericht.**
Zweck eines Protokolls ist es, den **Ablauf** eines Gesprächs, einer Konferenz, einer Sitzung oder einer Verhandlung zu **beschreiben.** Das Protokoll unterscheidet sich beispielsweise von Notizen durch seine **Genauigkeit.**

Für ein Protokoll gelten folgende Kriterien:

- Es muss **wahr** sein.
- Es muss gut **gegliedert** sein.
- Es muss **Beschlüsse und Anträge** wörtlich enthalten.
- Es muss persönliche Meinungen aussparen.

Beispiel eines Protokolls über eine Mitarbeiter- bzw. Mitarbeiterinnenbesprechung:

Protokoll Nr. 5	**Protokoll vom (Datum):** 12. 9. 20 . . – 13 Uhr
Thema:	Mitarbeiterinnenbesprechung bzw. Mitarbeiterbesprechung – Umsatzzahlen
Leitung:	Herr Direktor Markus Wachter
Protokollführung:	Karin Singer
Anwesende Teilnehmerinnen und Teilnehmer:	Michael Knoll, Doris Manhart, Hans Feiner Lehrlinge: Sabine Rotter, Klaus Haumer, Hubert Moser
Abwesende Teilnehmerinnen und Teilnehmer:	Herbert Posnik (entschuldigt)
Verlauf:	1. Fragen und Einwände zum letzten Protokoll 2. Herr Direktor Wachter gibt Umsatzzahlen bekannt und bespricht die Entwicklung der letzten acht Monate. Folgende Maßnahmen werden festgelegt: ▪ Kundenbetreuung ▪ Neugestaltung des Schaufensters ▪ neue technische Einrichtungen für den Präsentationsraum 3. Allfälliges
Weitere Termine:	Nächste Besprechung: 13. 10. 20 . . Herr Direktor Wachter bedankt sich für die Teilnahme und beendet die Sitzung um 16 Uhr.

Wählen Sie ein Thema (aus Schule, Familie, Betrieb ...) und besprechen Sie dieses ca. fünf Minuten lang mit Ihrer Partnerin oder Ihrem Partner.
Anschließend erstellen Sie unabhängig voneinander ein Gedächtnisprotokoll mit den wichtigsten Inhalten des Gesprächs. Vergleichen Sie Ihre Aufzeichnungen.

Erörterung

Erörterung ist nicht gleich Erörterung

Erörtern heißt,
- sich mit einer Sachfrage auseinanderzusetzen,
- zu einem Problem Stellung nehmen,
- Ansichten zu einem Thema darstellen, und zwar in Form von Pro- und Kontra-Argumenten.

Im Blickpunkt Kompetenzen:

Hier trainieren Sie …

… Vorbereitung und Formulierung von Erörterungen und wie eine Erörterung richtig einzusetzen ist.

Der inhaltlichen Auseinandersetzung mit einem Thema kann neben einer Fragestellung auch ein Text zugrunde liegen, in dem sich eine Verfasserin oder ein Verfasser zu einem Problem äußert und eine bestimmte Meinung vertritt.

Die Grundvoraussetzungen für jede Erörterung sind eine fundierte Argumentation und gute Sachkenntnisse. Sachkenntnisse beruhen z. B. auf in der Gesellschaft herrschenden Wertvorstellungen und Normen, auf Aussagen von Expertinnen und Experten, nachprüfbaren Ergebnissen oder Statistiken, Beobachtungen, Berichten, Internetrecherchen …

Je nachdem, wie man an ein Thema herangeht und sich damit inhaltlich auseinandersetzt, unterscheidet man **drei Arten** von Erörterungen.

Sachbezogene Erörterung:

Bei dieser Art von Erörterung gibt es keinen Zweifel über die Aussage. Man sucht nach **stichhaltigen Argumenten**, die diese Aussage bekräftigen.
Geht es um das Thema „Warum sollen Jugendliche nicht zu Suchtmitteln greifen?", steht fest, dass sie das nicht tun sollen. Man findet zu dieser Frage Argumente. Natürlich sollte auch erklärt werden, welche Suchtmittel es gibt bzw. welche gesundheitlichen Risiken der Missbrauch zur Folge haben kann. Die **eigene Meinung** ist dabei sehr wichtig.
Mögliche weitere Themenstellungen:
- Warum ist das Jugendschutzgesetz wichtig?
- Welche Vorzüge, aber auch Gefahren bringt das Fernsehen oder das Internet?

Problembezogene Erörterung:

Hier geht es um **unterschiedliche Ansichten** zu einem Thema.
Es können Gründe für oder gegen eine Sache sprechen.
Das sind dann **Pro-Argumente und Kontra-Argumente**,
die in der Erörterung beschrieben und gegenübergestellt werden.
Mögliche Themenstellungen:
- Leben in der Großstadt – Vor- und Nachteile
- Gefängnisstrafen für Jugendliche – sinnvoll oder sinnlos?
- Atomenergie – Fluch und Segen zugleich?

Worterklärung

→ **Alternative:** Wahl zwischen zwei Möglichkeiten

Problemerörterung anhand eines Textes:

Die Grundlage ist ein **Text**, in dem sich eine Autorin bzw. ein Autor zu einem bestimmten **Problem** äußert und eine **bestimmte Meinung** vertritt. Hier wird oft mit einem bestimmten Fachvokabular gearbeitet.

Gewusst wie: Ich schreibe eine Erörterung

Für eine **Erörterung** ist eine **gute Vorbereitung** auf das Thema wichtig.

Ziel ist es,
- Forderungen zu begründen,
- Entscheidungen, die getroffen werden müssen, zu beeinflussen,
- Pros und Kontras zu finden und
- bei unterschiedlichen Standpunkten Kompromisse zu finden.

Daher muss die Erörterung **klar**, **übersichtlich** und **folgerichtig aufgebaut** sein.

„Themenwahl" bis „Erstellung der Grobgliederung"

1. Themenwahl
Meist behandelt man ein aktuelles Problem, das als Frage formuliert wird und zur Diskussion führt.

2. Stoffsammlung
Hat man sich für ein Thema entschieden, folgt die Stoffsammlung. Schreiben Sie auf, was Ihnen zum Thema einfällt (**Brainstorming**). Auch eine **Mindmap** ist hilfreich. Für weitere Gesichtspunkte verwenden Sie die **W-Fragen** (Wer? Was? Wann? Wo? Wie? Warum?).

3. Ordnen der Stoffsammlung
Danach ordnen Sie Ihre Gedanken und schreiben diese in Stichpunkten untereinander auf.
So bereiten Sie die **Grobgliederung** vor.

4. Erstellen der Grobgliederung
Die Punkte, die zusammengehören, können Sie mit einem Stichwort, einem Symbol oder einer bestimmten Farbe kurz zusammenfassen.
Für die zusammengehörenden Blöcke können Sie eine kurze Überschrift finden.
Die Grobgliederung betrifft besonders den Hauptteil und ist wie ein Inhaltsverzeichnis zu sehen.
Sie soll den Aufbau der Arbeit zeigen.

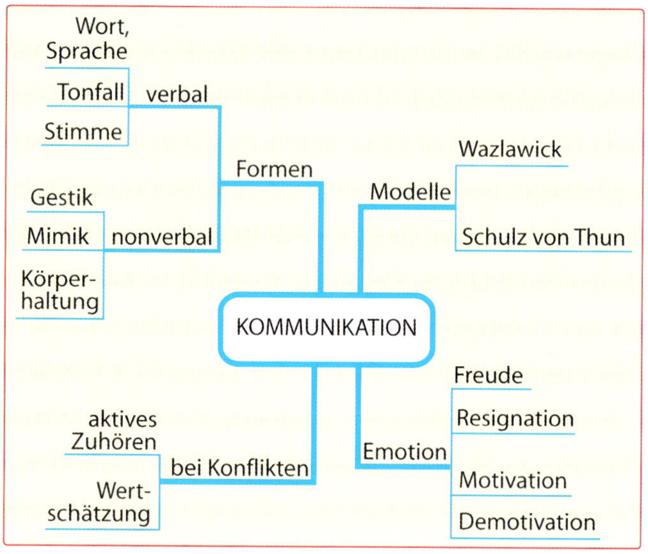

Einleitung – Hauptteil – Schluss

5. Einleitung
Die Einleitung führt in das Thema ein. Am besten gehen Sie von einem aktuellen Anlass aus, von einem Bericht, von einer persönlichen Erfahrung oder von einem Text, den Sie gelesen haben.

6. Hauptteil
Dabei geht es erst einmal kurz und allgemein um die Themenfrage. Dann werden Argumente gegenübergestellt (**Pro- und Kontra-Argumentationen**). Beginnen Sie mit dem stärksten Argument und lassen Sie die nächsten folgen. Man kann sich aber nicht immer eindeutig für oder gegen etwas entscheiden. Äußern Sie auch Wünsche und Hoffnungen. Versuchen Sie, Kompromisse zu finden.

7. Schluss
Halten Sie den Schlussteil kurz. Fassen Sie die Hauptpunkte zusammen. Stimmen Sie dem Thema zu oder lehnen Sie es ab, geben Sie Ihre Meinung wieder. Sie können auch einen Ausblick auf die Zukunft geben.

Beim Verfassen kommt es auf die Formulierung an

Neben der gezielten Vorbereitung auf Ihre Erörterung, der festgelegten Gliederung und der inhaltlichen Auseinandersetzung mit dem Thema ist die **sprachliche Gestaltung** ein wichtiges Kriterium für das Gelingen Ihrer Arbeit.

Die Sprache soll **sachlich** sein, die **Sätze kurz** mit **wenigen Nebensätzen**.
Fachsprache kann benutzt werden, es sollten aber nicht zu viele Fremdwörter eingesetzt werden.

Dabei kommt es auch auf die **Vielfalt sprachlicher Formulierungen** an, häufige Wortwiederholungen sind zu vermeiden.

Die folgenden Vorschläge werden Sie bei Ihrer Arbeit unterstützen

Pro-Argumentation:
dafür spricht, dass … – außerdem kommt hinzu, dass … – das Hauptargument dafür ist …
Kontra-Argumentation:
ein weiteres Argument dagegen ist … – dagegen spricht, dass …

… außerdem kommt hinzu, dass …

… besonders wichtig aber erscheint mir …

Wenn Sie etwas hervorheben möchten:
vor allem – hauptsächlich – insbesondere – besonders – meistens – ich möchte betonen – ich möchte hervorheben – besonders wichtig aber erscheint – man darf auch nicht übersehen, dass … – entscheidend ist jedoch – außerdem spielt noch eine wichtige Rolle, dass … – allerdings muss man auch sehen, dass … – weitaus wichtiger ist aber noch …

Wenn Sie etwas ergänzen möchten:
außerdem, darüber hinaus, sowie, ferner, zusätzlich, ergänzend, auch, weiterhin, ebenfalls, schließlich, nicht zuletzt, anschließend …

Wenn Sie etwas wiederholen müssen:
wie bereits erwähnt … – wie bereits beschrieben … – wie schon zuvor genannt …

Schlussfolgerungen:
als Konsequenz ergibt sich … – daraus ergibt sich … – daraus folgt … – demnach – demzufolge – die Ursache dafür … – entsprechend – infolgedessen – logischerweise – schlussendlich – also – somit – daher – deshalb – folglich – deswegen – darum – trotz allem – trotzdem …

… wie schon zuvor erwähnt …

Wählen Sie einen der folgenden drei Texte und verwenden Sie ihn als Grundlage für eine Erörterung:

2010 – 6 Millionen sterben an Tabakkonsum

Laut Bericht der Welt-Lungenstiftung und der Amerikanischen Krebsgesellschaft

Sechs Millionen Menschen werden einer Studie zufolge im kommenden Jahr weltweit an den Folgen des Tabakkonsums sterben. Tabak sei für den Tod jedes zehnten Menschen verantwortlich, hieß es in einem Bericht der Welt-Lungenstiftung und der Amerikanischen Krebsgesellschaft. Allein in diesem Jahr würden 5,5 Millionen Menschen an Krankheiten wie Krebs oder Herzinfarkt sterben.

Raucher bzw. Raucherinnen sterben früher

Bis 2030 könnten es mehr als acht Millionen sein. Der Genuss von Tabak belaste die Weltwirtschaft aufgrund von Behandlungskosten, verlorener Produktivität und Umweltschäden jedes Jahr mit 500 Milliarden Dollar (349 Mrd. Euro), hieß es weiter. Dem Bericht zufolge sterben Raucherinnen und Raucher im Schnitt 15 Jahre früher als Nichtraucherinnen und Nichtraucher. Den Angaben nach starben im vergangenen Jahrhundert 100 Millionen Menschen an den Folgen des Tabakkonsums. Zum Ende dieses Jahrhunderts werden es eine Milliarde Menschen sein.

(Quelle: oe24.at, 27. August 2009, überarbeitet)

Wenn Offenheit gefährlich wird

Facebook & Co. sollte man nicht verteufeln, aber die Gefahren kennen

Viele Computernutzer haben ein Problem mit Passwörtern. Statt komplizierter Kennwörter wird allzu oft nur der Name der Ehefrau oder eines der Kinder dafür benutzt. Im Zeitalter von Facebook & Co. ist es sehr einfach, solche Informationen zu finden. Auch wenn das nicht unmittelbar weiterhilft, erleichtert es die Arbeit von Hackern doch enorm. Etwa bei der „geheimen Frage“, wenn man sein Passwort „vergessen“ hat. „Social Engineering“ nennt sich eine Form der Datengewinnung, die schwere Folgen haben kann.

Dramatisch wird es, wenn der Datendieb (kann auch eine mobbende Mitschülerin bzw. ein Mitschüler sein) das Passwort für die Mailbox errät. Bei so gut wie jedem Webdienst kann man nämlich mit einem Klick auf „Passwort vergessen“ ein neues Kennwort per E-Mail anfordern. Wer Kontrolle über die Mailbox einer Person hat, hat somit auch die Kontrolle über dessen Online-Leben.

Unkomplizierte Passwörter alleine sind nicht die einzige Gefahr. So manche digitale Information kann für ganz analoge Langfinger interessant sein. Wer etwa eine Reise im Voraus ankündigt, gibt Einbrechern wertvolle Tipps für ungestörtes Arbeiten. Daher lohnt es sich, den Urlaub erst im Nachhinein mit Fotos im Web zu dokumentieren. Auch das Prahlen mit teuren Einkäufen ist aus diesem Grund völlig daneben.

Überhaupt lohnt sich eine ganz einfache Überlegung: Wer bekommt meine Updates auf Facebook oder ähnlichen Seiten zu Gesicht? Die gute Nachricht ist, dass man das sehr fein steuern kann. Rechts oben findet sich in Facebook der Link für die Einstellungen. Unter Privatsphäre kann man steuern, wer was lesen darf. Im Bedarfsfall lassen sich einzelne „Freunde“ auch blockieren. Die sehen dann gar nichts mehr.

(Quelle: Georg Holzer, Kleine Zeitung, 25. August 2009, überarbeitet)

Von wegen Krise im Kleiderschrank

Ein Fünftel der Befragten motzt teure Basics mit richtig günstigen Sachen auf, 16 Prozent peppen ältere Sachen mit modischen Accessoires auf. Mehr als die Hälfte der Befragten legt Wert darauf, stylisch durch die Krise zu wandeln.

Die Krise hat vor dem Kleiderschrank der Österreicherinnen und Österreicher bisher haltgemacht. Bei 73 Prozent der Befragten einer Studie im Auftrag von *ebay.at* hatten die schlechten Nachrichten aus der Wirtschaft noch keine Auswirkungen auf ihre Ausgaben für Modeartikel. Mehr als die Hälfte interessiert sich gleich stark oder sogar noch stärker für trendige Outfits. 28 Prozent wollen aber künftig ihre Ausgaben kritischer unter die Lupe nehmen.

Rund 800 Euro Ausgaben für Mode im Jahr

Frauen zeigen sich in finanziellen Dingen vorsichtiger als Männer: 32 Prozent der Frauen, aber nur 22 Prozent der Männer geben weniger für Lifestyle aus als vor der Krise. In konkreten Zahlen lassen die Österreicherinnen und Österreicher im Durchschnitt rund 834 Euro pro Jahr für Mode und Accessoires über den Ladentisch wandern. Männer zeigen sich in Modedingen spendabler als weibliche Shopper (862 Euro Ausgaben bei Männern versus 808 Euro Ausgaben bei Frauen). Jeder Vierte, und damit die größte Gruppe der Befragten, gibt jährlich zwischen 500 und 1000 Euro für Mode aus, 18 Prozent sogar über 1000 Euro.

Schlussverkauf & Schnäppchenjagd

Bei der Investition des jeweiligen Modebudgets waltet doch eine neue Sorgfalt: Mehr als die Hälfte (57 Prozent) der Befragten überlegen heute vor dem Kauf länger, ob sie ein Stück auch wirklich tragen werden, 51 Prozent erstehen ihre Kleider verstärkt im Schlussverkauf, 48 Prozent gehen häufiger als früher auf Schnäppchenjagd und 26 Prozent geben sich weniger markenbewusst als in Vorkrisen-Zeiten.

Alte Sachen aufpeppen

Mehr als die Hälfte der Befragten (52 Prozent) legt Wert darauf, stylish durch die Krise zu wandeln. Die Grundregeln des „Krisenchic": Ein Fünftel (20 Prozent) motzt teure Basics mit richtig günstigen Sachen auf, 16 Prozent peppen ältere Sachen mit modischen Accessoires auf. Interessantes geschlechterspezifisches Detail: Bei den weiblichen Studienteilnehmern tauschen zwölf Prozent ihre Sachen mit Freundinnen, das erweitert die Palette beträchtlich. Hingegen können sich diesen Schachzug nur sechs Prozent der Männer vorstellen.

(Quelle: APA, 18. August 2009, überarbeitet)

Worterklärung

- → **Mobbing:** eine Kollegin oder ein Kollege wird ständig gequält oder verletzt und es werden über sie oder ihn falsche Tatsachen verbreitet
- → **Update:** Veränderungen an bestehenden Datensätzen, wobei Daten auf einen neueren Stand gebracht werden
- → **Basics:** Basisteile
- → **stylisch:** in Mode, angesagt
- → **Accessoire:** modisches Zubehör
- → **chic:** modisch, gut passend
- → **versus:** gegen, kontra, gegenüber, im Vergleich

Umgang mit Formularen

Formulare im Beruf und im Alltag

Im Beruf und im Privatleben gibt es immer wieder Situationen, die **schriftliche Kommunikation** erfordern. Um diese schriftliche Kommunikation zu vereinheitlichen und zu vereinfachen, werden häufig Formulare verwendet.

Im Blickpunkt Kompetenzen:

Hier trainieren Sie …

… das Ausfüllen von Formularen und was dabei zu beachten ist.

Welche Formulare mussten Sie bisher im privaten Bereich ausfüllen?

Mit welchen Formularen hatten Sie bisher in Ihrer Berufsausbildung zu tun?

Gab es Schwierigkeiten beim Ausfüllen der Formulare? Beschreiben Sie diese:

WAS *Webbasiertes AnmeldeSystem*

Anmeldeformular

Personalien	
Sozialversicherungsnummer/ Ersatzkennzahl, falls vorhanden	
Familienname	
Vorname	
Geschlecht	☐ männlich ☐ weiblich
Staatsbürgerschaft	
Religionsbekenntnis	
Muttersprache	
Herkunftsschule/Klasse	
Erzieher	
Erziehungsberechtigt	☐ Eltern ☐ Vater ☐ Mutter ☐ Vormund
Name(n): Vorname(n) und Familienname(n)	
PLZ und Ort	
Straße und Hausnummer	
Telefon	
Handy	
E-Mail	

Die Schulwünsche werden auf dem Reihungsformular erfasst.

Ich bin mit der elektronischen Verarbeitung meiner Daten ausschließlich zum Zweck der Schulanmeldung einverstanden.

Datum: ____________ Unterschrift: ____________

Meldezettel

Zutreffendes bitte ankreuzen ☒!

FAMILIENNAME oder NACHNAME (in Blockschrift), AKAD. GRAD (abgekürzt)

VORNAME lt. Geburtsurkunde (bei Fremden laut Reisepass)

Familienname vor der e r s t e n Eheschließung

GEBURTSDATUM | GESCHLECHT männlich ☐ weiblich ☐ | RELIGIONSBEKENNTNIS

GEBURTSORT lt. Reisedokument (bei österr. Staatsbürgern auch lt. Geburtsurkunde); Bundesland (Inland) und Staat (Ausland)

PERSONENSTAND ☐ ledig ☐ verheiratet ☐ in eingetragener Partnerschaft lebend ☐ geschieden ☐ aufgelöste eingetragene Partnerschaft ☐ verwitwet ☐ hinterbliebener eingetragener Partner

STAATSANGEHÖRIGKEIT Österreich ☐ anderer Staat ☐ ⇨ Name des Staates

Angabe der ZMR-Zahl (soweit bekannt): ☐☐☐ ☐☐☐ ☐☐☐ ☐☐☐

REISEDOKUMENT bei Fremden
Art, z.B. Reisepass, Personalausweis Nummer: Ausstellungsdatum:
ausstellende Behörde, Staat:

ANMELDUNG der Unterkunft in ….. Straße (Platz) bzw. Ort ohne Straßennamen | Haus Nr. | Stiege | Tür Nr.
Postleitzahl | Ortsgemeinde, Bundesland

Ist diese **Unterkunft Hauptwohnsitz**: ja ☐ nein ☐

wenn **nein**, Hauptwohnsitz bleibt in ….. Straße (Platz) bzw. Ort ohne Straßennamen | Haus Nr. | Stiege | Tür Nr.
Postleitzahl | Ortsgemeinde, Bundesland

Zuzug aus dem Ausland? nein ☐ ja ☐ ⇨ Angabe des Staates

ABMELDUNG der Unterkunft in ….. Straße (Platz) bzw. Ort ohne Straßennamen | Haus Nr. | Stiege | Tür Nr.
Postleitzahl | Ortsgemeinde, Bundesland

Sie verziehen ins Ausland? nein ☐ ja ☐ ⇨ Angabe des Staates

Im Falle einer Anmeldung: Unterkunftgeber (Name in Blockschrift, Datum und Unterschrift) | Datum und Unterschrift des Meldepflichtigen (Bestätigung der Richtigkeit der Meldedaten)

www.help.gv.at

Formulare zum Herunterladen

Unfallbericht

Ein Unfall mit Sachschaden

Am 10. Mai 20 . ., um 15:30 Uhr, hat sich auf der Kreuzung Schumanngasse / Leitermayergasse in 1170 Wien folgender Verkehrsunfall ereignet:

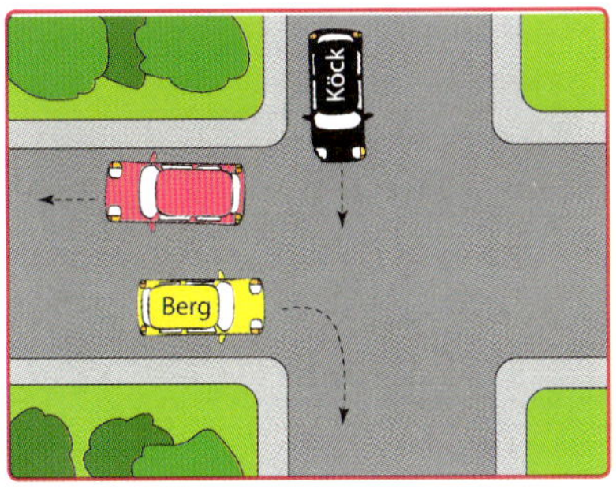

Versuchen Sie anhand der Bilder zu klären, warum es zu dem Unfall gekommen ist.
Welche Fahrzeuge sind beteiligt?

Welcher der beiden Fahrzeuglenker hat den Unfall verursacht? Denken Sie dabei an die Vorrangregeln.

Die Fahrerin eines anderen Autos hat den Vorfall im Außenspiegel beobachtet und stellt sich als Zeugin zur Verfügung. Nachdem die am Unfall beteiligten Lenkerinnen den Schaden besichtigt haben, fotografiert eine der Beteiligten die Unfallstelle. Dann fahren beide in eine Seitengasse und tauschen die folgenden Daten aus, die sie für die Meldung an die jeweilige Versicherungsgesellschaft benötigen:

Pkw – Mazda (W 33 666 K), haftpflichtversichert bei Allianz Elementar
Polizzennummer: 2456743
Versicherungsnehmer: Elfriede Berg, Wiener Str. 14, 2460 Bruck a. d. Leitha
Lenker: Natascha Berg, Wiener Str. 14, Bruck a. d. Leitha; Mobil: 0664 123 45 67
Führerscheinnummer: 1345892 – Gruppe B, ausgestellt durch die Bundespolizei Abt. III Verkehrsamt – gültig ab 6. September 1996
Sichtbare Schäden: linker vorderer Kotflügel, linker Scheinwerfer, Stoßstange

Pkw – Renault Megane (W LIND 3), haftpflicht- und kaskoversichert bei Wiener Allianz
Polizzennummer: 3469871
Versicherungsnehmer / Lenker: Linde Köck, Heimgasse 14 / 2 / 6, 1238 Wien;
Tel.: 01 12 34 56
Führerscheinnummer: 1764328 – Gruppe B, ausgestellt durch die Bundespolizei Abt. I Verkehrsamt – gültig ab 12. März 1967
Sichtbare Schäden: rechter vorderer Kotflügel, rechter Scheinwerfer, Stoßstange

Im folgenden Text schildert Frau Berg für die Versicherung den Unfallhergang aus ihrer Sicht:

Ich fuhr am 10. Mai die Leitermayergasse im 17. Bezirk entlang. Bei der Kreuzung Ecke Schumanngasse bog ich rechts ab. Plötzlich näherte sich ein Renault Megane mit dem polizeilichen Kennzeichen W LIND 3. Die Lenkerin hatte meinen Vorrang nicht beachtet – ich war die Rechtskommende. Obwohl ich sofort bremste, konnte ich einen Zusammenstoß nicht mehr vermeiden. Bei dem Unfall gab es keine Verletzten. An meinem Fahrzeug wurden der linke vordere Kotfügel, der linke Scheinwerfer und die Stoßstange beschädigt.
Frau Andrea Huber aus 1170 Wien, wohnhaft in der Schumanngasse 48, war Zeugin des Unfallherganges.

Füllen Sie den Unfallbericht mit den Angaben der Lenkerin Frau Berg aus.
Auf der folgenden Seite finden Sie Hinweise zum Ausfüllen eines Unfallberichts.

Unfallbericht

Keine Schuldanerkenntnis, sondern eine Wiedergabe des Unfallherganges zur schnelleren Schadenregulierung.

Von beiden Fahrzeuglenkern auszufüllen

1. Tag des Unfalles	Uhrzeit	**2. Ort** (Gemeinde, Straße, Haus-Nr. bzw. Kilometerstein)	**3. Verletzte?** (auch leicht) nein ☐ ja ☐ *
4. Andere Sachschäden als an den Fahrzeugen A u. B nein ☐ ja ☐		**5. Zeugen** (Name, Anschrift, Telefon; *Insassen von A und B unterstreichen*)	

Fahrzeug A

6. Versicherungsnehmer (siehe Kfz-Schein/ Grüne Versicherungskarte)

Name: ______
Vorname: ______
Anschrift: ______
______
Telefon: ______
Besteht Berechtigung zum Vorsteuerabzug? nein ☐ ja ☐

7. Fahrzeug

Marke, Typ: ______
Amtl. Kennzeichen: ______

8. Versicherer

______
Vers.-Nr: ______
Agent: ______
Nr. der Grünen Karte: ______
Versicherungsausweis oder Grüne Karte | gültig bis: ______
Besteht eine Vollkaskoversicherung? nein ☐ ja ☐

9. Fahrer (siehe Führerscheindaten)

Name: ______
Vorname: ______
Adresse: ______
Führerschein-Nr: ______
Klasse: ______ ausgestellt durch: ______
______
gültig ab ______ bis ______
(Für Omnibusse, Taxis usw.)

10. Bezeichnen Sie durch einen Pfeil den Punkt des ersten Anstoßes.

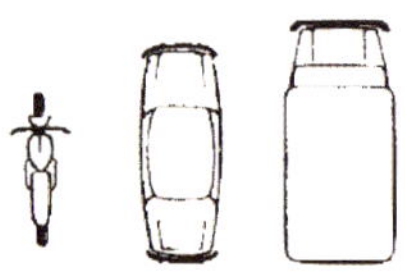

11. Sichtbare Schäden

______
______
______

14. Bemerkungen

______
______
______

A

12. Umstände

Bitte ankreuzen, soweit für die Beschreibung der Skizze sachdienlich

A				B
☐	1	Fahrzeug parkte (auf der Straße)	1	☐
☐	2	fuhr aus der Parkstelle heraus	2	☐
☐	3	fuhr in eine Parkstelle hinein	3	☐
☐	4	fuhr aus einem Parkplatz, aus einem Grundstück oder einem Feldweg/Privatweg heraus	4	☐
☐	5	fuhr auf einen Parkplatz, bog in ein Grundstück oder einen Feldweg/Privatweg ein	5	☐
☐	6	bog in einen Kreisverkehr ein	6	☐
☐	7	fuhr im Kreisverkehr	7	☐
☐	8	fuhr heckseitig auf ein anderes Fahrzeug auf bei Fahrt in dieselbe Richtung und auf derselben Fahrspur	8	☐
☐	9	fuhr in gleicher Richtung, aber in einer anderer Spur	9	☐
☐	10	wechselte die Spur	10	☐
☐	11	überholte	11	☐
☐	12	bog rechts ab	12	☐
☐	13	bog links ab	13	☐
☐	14	setzte zurück	14	☐
☐	15	fuhr in die Gegenfahrbahn	15	☐
☐	16	kam von rechts	16	☐
☐	17	beachtete Vorfahrtszeichen nicht	17	☐
☐	◄	Anzahl der angekreuzten Felder	►	☐

13. Unfallskizze

Bezeichnen Sie: 1. Straßenführung 2. Richtung der Fahrzeuge A und B (durch Pfeile) 3. Ihre Position im Moment des Zusammenstoßes 4. Straßenschilder 5. Straßennamen

15. Unterschrift beider Fahrer

A B

Fahrzeug B

6. Versicherungsnehmer (siehe Kfz-Schein/ Grüne Versicherungskarte)

Name: ______
Vorname: ______
Anschrift: ______
______
Telefon: ______
Besteht Berechtigung zum Vorsteuerabzug? nein ☐ ja ☐

7. Fahrzeug

Marke, Typ: ______
Amtl. Kennzeichen: ______

8. Versicherer

______
Vers.-Nr: ______
Agent: ______
Nr. der Grünen Karte: ______
Versicherungsausweis oder Grüne Karte | gültig bis: ______
Besteht eine Vollkaskoversicherung? nein ☐ ja ☐

9. Fahrer (siehe Führerscheindaten)

Name: ______
Vorname: ______
Adresse: ______
Führerschein-Nr: ______
Klasse: ______ ausgestellt durch: ______
______
gültig ab ______ bis ______
(Für Omnibusse, Taxis usw.)

10. Bezeichnen Sie durch einen Pfeil den Punkt des ersten Anstoßes.

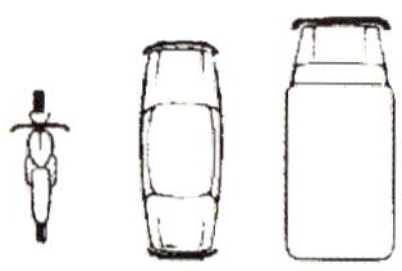

11. Sichtbare Schäden

______
______
______

14. Bemerkungen

______
______
______

B

Kfz-Auskunft.de – zur freien Verwendung

So gehen Sie richtig vor:

Der abgebildete Unfallbericht entspricht dem Modell des Comité Européen des Assurances (CEA), den Sie im Falle eines Unfalls auf jeden Fall verwenden sollten.

Wie ist der Unfallbericht auszufüllen?

Am Unfallort

1. Füllen Sie zwei Unfallberichte aus, einen für Sie selbst, einen für Ihren Unfallgegner. Es spielt keine Rolle, wer die Formulare liefert oder ausfüllt. Schreiben Sie mit Kugelschreiber.

2. Beachten Sie beim Ausfüllen des Unfallberichts Folgendes:
- Beziehen Sie sich bei der Antwort auf die Fragen
  a) gemäß Ziff. 8 auf Ihre Versicherungsdokumente (Polizze oder Grüne Karte) und
  b) gemäß Ziff. 9 auf Ihren Führerschein.
- Bezeichnen Sie genau den Punkt des Zusammenstoßes (Ziff. 10).
- Bezeichnen Sie mit einem Kreuz jene Tatbestände (1–17), die auf Ihren Unfall zutreffen (Ziff. 12), und geben Sie am Schluss die Zahl der von Ihnen bezeichneten Felder an.
- Zeichnen Sie eine Unfallskizze (Ziff. 13).

3. Nennen Sie Unfallzeugen, insbesondere bei Meinungsverschiedenheiten.

4. Unterschreiben Sie die Unfallberichte und lassen Sie sie auch durch den anderen Lenker unterzeichnen.

Zu Hause

- Vergessen Sie nicht anzugeben, wo und wann Ihr Fahrzeug durch den Sachverständigen besichtigt werden kann (Ziff. 14).
- Verändern Sie auf keinen Fall den Unfallbericht.
- Übersenden Sie das Formular unverzüglich Ihrer Versicherungsgesellschaft.

Spezialfälle

- Besitzt der andere Unfallbeteiligte das gleiche (vom Comité Européen des Assurances genehmigte) Formular, aber in einer anderen Sprache, so denken Sie daran, dass die Formulare gleich sind und die einzelnen Fragen denselben Inhalt haben. Aus diesem Grund sind die einzelnen Fragen nummeriert.
- Das vorliegende Formular dient auch für Unfälle ohne Drittschäden, bei Kaskoversicherungen zum Beispiel bei Sachschaden am eigenen Fahrzeug sowie bei Schäden durch Diebstahl oder Feuer.

(Quelle: ÖAMTC)

Versandhausbestellung

Im Wesen des Versandhandels liegt es, dass sich Kundin bzw. Kunde und Verkäuferin bzw. Verkäufer nicht am gleichen Ort aufhalten müssen. Die Konsumentin bzw. der Konsument kann die Bestellung an die Händlerin bzw. den Händler **ohne zeitliche Beschränkung von zuhause aus** oder aber auch von unterwegs tätigen. Das Angebot wird in der Regel über gedruckte Kataloge, Magazine und / oder das Internet an die Interessenten herangetragen. Die Bestellung ist über verschiedene Wege möglich, und zwar per **Bestellkarte**, **Bestellfax**, **telefonisch** oder über **Bestellmasken im Internet**.
Die Auslieferung der Ware erfolgt mit der Post, über Botendienste oder andere Logistiksysteme.

Die älteste und auch heute noch äußerst beliebte Form neben der Bestellung über Internet ist die per Post: Die Artikelnummern der gewünschten Waren werden in die Bestellkarte, die jedem Katalog beiliegt, eingetragen und die Felder mit dem Namen und der Adresse der Kundin oder des Kunden befüllt. Ist man schon Kundin bzw. Kunde bei einem Versandhaus, so sind auf der Bestellkarte der Name und die Adresse bereits aufgedruckt.

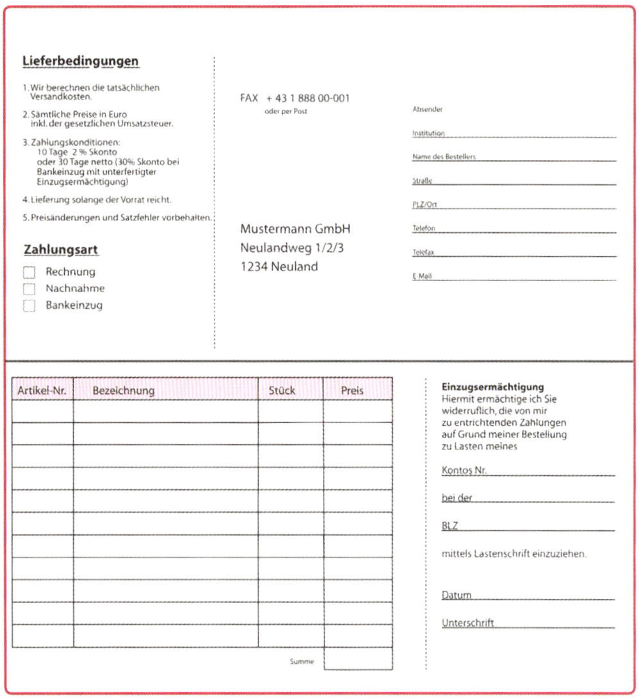

Lieferbedingungen

1. Wir berechnen die tatsächlichen Versandkosten.
2. Sämtliche Preise in Euro inkl. der gesetzlichen Umsatzsteuer.
3. Zahlungskonditionen:
   10 Tage 2 % Skonto
   oder 30 Tage netto (30% Skonto bei Bankeinzug mit unterfertigter Einzugsermächtigung)
4. Lieferung solange der Vorrat reicht.
5. Preisänderungen und Satzfehler vorbehalten.

Zahlungsart

☐ Rechnung
☐ Nachnahme
☐ Bankeinzug

FAX + 43 1 888 00-001
oder per Post

Mustermann GmbH
Neulandweg 1/2/3
1234 Neuland

Absender
Institution
Name des Bestellers
Straße
PLZ/Ort
Telefon
Telefax
E-Mail

Artikel-Nr.	Bezeichnung	Stück	Preis
		Summe	

Einzugsermächtigung
Hiermit ermächtige ich Sie widerruflich, die von mir zu entrichtenden Zahlungen auf Grund meiner Bestellung zu Lasten meines

Kontos Nr.
bei der
BLZ
mittels Lastenschrift einzuziehen.

Datum
Unterschrift

Worterklärung

→ **Logistik:** Planung, Organisation und Lieferung verschiedener Produkte, Informationsfluss ...

→ **Logistiksystem:** z. B. wie ein Produkt vom Verkäufer zum Käufer gebracht wird

→ **Sortiment:** Produktumfang

Welche Versandhäuser (auch Internetversandhäuser) sind Ihnen bekannt und welches Sortiment bieten diese an?

Informieren Sie sich über Geschäftsbedingungen, Zahlungsweisen, Rückgabefristen usw. eines dieser Versandhäuser. Nehmen Sie dafür den Katalog oder das Internet zuhilfe.

04

Medien und Werbung

Was Sie in diesem Kapitel erfahren:

Printmedien
Zeitungen, Zeitschriften und deren Leserzahlen

Berichte, Nachrichten und Reportagen
Nachrichten in der Presse, Textvergleich

Informationen über Werbung
Sprache der Werbung, Wie wirkt Werbung?
Vertrauen in die Werbung

Printmedien

Zeitungen

Zeitungen sind Presseerzeugnisse, die regelmäßig erscheinen. Die Merkmale sind Aktualität, Publizität (die Zugänglichkeit), Universalität (offen nach allen Lebensbereichen hin) und Periodizität (regelmäßiges Erscheinen).

Im Blickpunkt Kompetenzen:

Hier trainieren Sie …

… sich in der österreichischen Medienlandschaft einen Überblick zu verschaffen.

… das Medienangebot zu nutzen und eine gezielte Auswahl zu treffen.

Zeitungen werden unterschieden nach:

Verbreitungsgebiet

- **Lokalzeitungen** informieren über aktuelle Geschehnisse in einem Ort oder einer Stadt.
- **Regionalzeitungen** erscheinen in einem kleinen Gebiet und berichten über regionale Ereignisse.
- **Überregionale Zeitungen** haben ein großes Verbreitungsgebiet und beinhalten breitgefächerte Informationen.
- **Regionale Ausgaben** sind Zeitungen oder Teile einer Zeitung, die sich nur mit einem bestimmten Gebiet befassen (z. B. Kronen Zeitung mit Regionalausgaben für Oberösterreich und Steiermark).
- **Weltzeitungen** erscheinen in verschiedenen Sprachen (z. B. The New York Times – New York).

Erscheinungsabstand

- Tageszeitungen
- Wochenzeitungen

Parteizugehörigkeit und Unabhängigkeit

- **Parteizeitungen und parteigebundene Zeitungen** sind das Sprachrohr einer bestimmten politischen Partei und beinhalten unter anderem auch Mitteilungen an die Parteimitglieder (z. B. die Bekanntgabe von politischen Veranstaltungen, Ehrungen einzelner Politikerinnen und Politiker).
- **Parteiunabhängige Zeitungen** sind nicht im Besitz einer politischen Partei und sollten auch kein Nahverhältnis zu einer Partei haben.

Vertriebsform

- **Abonnementzeitungen** werden gemäß Vereinbarung auf längere Zeit bezogen.
- **Boulevardblätter** sind sensationell-reißerisch aufgemachte Zeitungen, die in großen Auflagen erscheinen und vorwiegend im Straßenverkauf angeboten werden.

Überlegen Sie, welche der angeführten Merkmale auf die folgenden österreichischen Presseerzeugnisse zutreffen:

DER STANDARD

Die Presse

profil

GEO

KURIER

KLEINE ZEITUNG

Worterklärung

→ **regional:** ein bestimmtes Gebiet betreffend

→ **Abonnement:** Dauerbezug, z. B. einer Zeitung oder von Theaterkarten

→ **Boulevard:** breite Prachtstraße

Jede Zeitung hat ihren ganz besonderen Charakter: Ressorts und mehr

Zeitungen sind inhaltlich in **Sachgebiete**, sogenannte **Ressorts**, gegliedert.

Suchen Sie mit Ihrer Kollegin bzw. Ihrem Kollegen in Tageszeitungen nach Schlagzeilen, die den folgenden Ressorts zuzuordnen sind. Schreiben Sie die jeweilige Schlagzeile in das entsprechende Feld:

Außenpolitik	**Innenpolitik**
Wirtschaft	**Sport**
Wissenschaft	**Kultur**
Lokales	**Tagesereignisse**

Überlegen Sie, welche anderen Ressorts in Tageszeitungen noch vorkommen. Besprechen Sie diese mit Ihren Kolleginnen und Kollegen. Achten Sie auf die Sonderressorts in den Wochenendausgaben.

Wozu dient eine Gliederung der Sachgebiete?

Vergleichen Sie das Format, die Seitenanzahl und die Papierqualität einzelner Zeitungen. Stellen Sie fest, wie Texte und Bilder angeordnet sind.

- In welchen Zeitungen finden Sie viele Fotos?
- Sind die Texte in unterschiedlichen Schriftarten und Schriftgrößen abgefasst?
- In welchen Zeitungen überwiegt der Schwarzweißdruck, in welchen der Mehrfarbendruck?
- Beschreiben Sie die Aufteilung der Artikel in Textblöcke, Spalten und Zeilen.
- Welchen Gesamteindruck macht das Layout auf die Leserin bzw. den Leser?
- Ist die Zeitung klar und übersichtlich, bunt, unruhig, reißerisch ...?

Worterklärung

→ **Layout:** Druckseite mit Bildern und Text

Vergleichen Sie in der Gruppe die Ressorts von drei Tageszeitungen und halten Sie in der Tabelle die Reihenfolge und die jeweilige Seitenanzahl der Sachgebiete fest:

Name der Zeitung

Ressorts

Zeitschriften

Zeitschriften erscheinen wöchentlich, monatlich oder noch seltener. Sie beschäftigen sich weniger mit aktuellen Nachrichten, sondern beleuchten bestimmte Themen näher und liefern viele Hintergrundinformationen.

Sie können in **Publikums- und Fachzeitschriften** eingeteilt werden. Publikumszeitschriften wenden sich an eine spezielle Leserschaft, die genau an diesem Themenkreis interessiert ist (z. B. Medizin, Hobby, Kino ...). Fachzeitschriften schreiben über ein klar eingegrenztes Fachgebiet und haben meist Leserinnen und Leser, die sich berufsbedingt für diesen speziellen Themenkreis interessieren.

Besprechen Sie in der Gruppe die Begriffe Publikumszeitschrift und Fachzeitschrift.
Ordnen Sie gemeinsam die unten abgebildeten Zeitschriften richtig zu:

UNIVERSUM
TOP HAIR International
Feine KÜCHE
e-media
ORF nachlese
technik report
Der österreichische Installateur
elektro journal
Zahn.Medizin.Technik
SportWoche

Welche Fachzeitschriften gibt es in Ihrem Berufsbereich?

Vergleichen Sie das Layout einer Zeitschrift mit dem einer Tageszeitung.
Beachten Sie dabei folgende Punkte:

- Papierqualität
- Druck
- Bildmaterial
- Seitenanzahl
- Platzaufteilung auf den einzelnen Seiten
- Gestaltung des Titelblattes
- Inhaltsverzeichnis

Welche Zeitung lesen Sie?

Trotz Fernsehen und Internet sind Zeitungen und Zeitschriften nach wie vor ein beliebtes Medium, wenn es darum geht, sich über das Tagesgeschehen auf dem Laufenden zu halten und sich über aktuelle Themen zu informieren. Die **„Media-Analyse" (MA)** wird seit 1965 präsentiert und ist die größte jährliche Befragung der österreichischen Medienkonsumenten und -konsumentinnen. Sie erfasst Printmedien, Radio, Fernsehen, Plakat, Kino und Internet. Seit 2008 werden die Daten halbjährlich veröffentlicht. Sie zeigen, welche österreichischen Tageszeitungen im Schnitt täglich von wie vielen Personen gelesen werden. Diese Zahlen sind eine wichtige Entscheidungshilfe für die Platzierung von Werbung in einem Medium.

Die Zahlen der „Media-Analyse 2011" geben unter anderem Auskunft darüber, welche österreichischen Tageszeitungen durchschnittlich von wie vielen Personen pro Tag gelesen werden.

Kronen Zeitung 2 724 000	**Österreich** 734 000	**Kurier** 575 000	**Standard** 359 000
OÖ Nachrichten 355 000	**Kleine Zeitung** 806 000	**Die Presse** 263 000	

www.media-analyse.at

Mediaanalyse, öffentlicher Bereich, Presse, Tageszeitungen

FRAGEBOGEN

1. Lesen Sie regelmäßig eine Tageszeitung? O ja O nein

2. Gibt es bei Ihnen zuhause eine Tageszeitung? O ja O nein

   Welche Tageszeitung?

   ____

3. Für welche Ressorts interessieren Sie sich?

   ____

4. Über welche Themen sollte in den Tageszeitungen mehr stehen?

   ____

5. Welche Zeitschrift(en) lesen Sie am liebsten?

   ____

6. Welche Themen interessieren Sie?

   ____

7. Kaufen Sie sich regelmäßig eine Zeitschrift? O ja O nein

8. Wie viel Geld geben Sie monatlich für Zeitschriften aus? ______________

9. Warum lesen Sie Zeitungen und Zeitschriften?
   - O weil ich mich informieren möchte
   - O damit ich mitreden kann
   - O weil ich mich bilden möchte
   - O weil ich mich dabei entspanne

Journalistische Stilformen

Bericht

Im Blickpunkt Kompetenzen:

Hier trainieren Sie …

… die Analyse verschiedener Textsorten und ihrer Inhalte.

Lesen Sie den Zeitungsbericht und geben Sie den Inhalt des Textes wieder:

Philip Morris muss 13,8 Mio. Dollar zahlen

Teure Marlboro

Ein US-Geschworenengericht hat den Tabakkonzern Philip Morris dazu verurteilt, der Tochter einer an Lungenkrebs gestorbenen Raucherin 13,8 Millionen Dollar (9,6 Millionen Euro) zu zahlen. Die Entscheidung, die am Montag in Los Angeles fiel, markiert eine neue Etappe in einem seit mehr als acht Jahren währenden Rechtsstreit.

Die inzwischen verstorbene Betty Bullock hatte den Marlboro-Hersteller im April 2001 verklagt. Im folgenden Jahr sprach ein Geschworenengericht den Konzern des Betrugs und der Verletzung der Sorgfaltspflicht schuldig und legte die Strafe auf eine Rekordhöhe von 28 Milliarden Dollar fest. Die Summe wurde später auf 13,8 Millionen Dollar herabgesetzt, doch auch dieses Urteil wurde von einem Berufungsgericht aufgehoben. Bullock hatte im Alter von 17 Jahren zu rauchen begonnen. Im Februar 2003 starb sie mit 64 Jahren an Lungenkrebs. Seither tritt ihre Tochter als Klägerin auf.

(Quelle: Kronen Zeitung, 25. August 2009, überarbeitet)

Im Folgenden sind die Aufgaben der Textteile in einem Bericht zusammengefasst.

Ergänzen Sie den Text mit den Begriffen aus dem Kästchen:

Die **Schlagzeile** dient als ______________ und weckt die ______________ der Leserin bzw. des Lesers. Der **Untertitel** bietet wichtige ______________ der Nachricht und schafft einen gewissen ______________.

Der **Vorspann** fasst das zu Berichtende ______________ zusammen und enthält bereits alle wichtigen ______________.

Der **Berichtteil** geht ausführlicher auf die ______________, ______________ und ______________ des Geschehens ein.

Neugier
Teilinformationen
Leseanreiz
Folgen
Elemente
knapp
Hintergründe
Blickfang
Umstände

Stellen Sie fest, wie der Bericht über Philip Morris gegliedert ist, und benennen Sie die einzelnen Textteile der Reihe nach:

1 ______________ 3 ______________

2 ______________ 4 ______________

Überprüfen Sie ohne Zuhilfenahme des Textes, wie genau Sie den Bericht gelesen haben:

- **Was** hat sich ereignet?
- **Wer** muss zahlen?
- **Wann** hat der Prozess begonnen?
- **Wo** hat sich das Ganze zugetragen?
- **Wie** ist es zum Prozessende gekommen?
- **Warum** ist die Frau gestorben?

Die Informationen in Schlagzeile, Untertitel und Vorspann enthalten zunehmend mehr Einzelheiten. Die **sechs W-Fragen** werden im Wesentlichen bereits beantwortet.

Lesen Sie den Bericht noch einmal und notieren Sie den Grund und die Folgen des Todes der Amerikanerin:

Grund	Folgen

Der **Bericht** ist ein **sachlich** (objektiv) abgefasster Text, in dem **keine persönlichen** (subjektiven) **Eindrücke** der Verfasserin bzw. des Verfassers vorkommen.

Die **sechs W-Fragen** sind die Grundlage der inhaltlichen Berichterstattung:

Wer?	**Wie?**	**Wo?**
Was?	**Wann?**	**Warum?**

Sie sehen auf dem Foto eine Situation, wie sie Ihnen häufig auf Bildern in Zeitungen begegnet.
Erfinden Sie dazu eine Geschichte und verfassen Sie einen kurzen Bericht.

Nachricht

Aufgabe der **Nachricht** ist es, die Leserin bzw. den Leser **in Kurzform über ein Ereignis zu informieren.** Die zwei wichtigsten Aufbauelemente sind die **Schlagzeile** und der **Berichtteil.**

Lesen Sie zunächst nur die Schlagzeilen der drei Zeitungsnachrichten und sprechen Sie darüber, warum solche Artikel gerne zu Ende gelesen werden:

Italien: Rekord-Jackpot bleibt weiterhin stur

Auch bei der 86. Ziehung in Folge fand keiner der Millionen Spieler am Donnerstagabend die richtigen sechs Zahlen, um die knapp 144 Millionen Euro zu gewinnen. Damit wächst die Riesensumme im Jackpot weiter an. Nächste Ziehung ist am kommenden Samstag.

(Quelle: Kurier, 21. August 2009)

Australien: Mann klebte am Klositz fest

Ein 58-jähriger Mann blieb auf einer Toilette in einem Einkaufszentrum in Cairns kleben. Scherzbolde hatten den Sitz mit Kleber präpariert. Mit Industrielösungsmittel wurde der Mann von dem Klositz befreit.

(Quelle: Kurier, 25. August 2009)

Anzeige, weil Mann Hinterteil zeigte

Ein 19-jähriger Bursch wollte am Sonntag bei der Heimfahrt vom Frequency-Festival andere Autofahrer ärgern und erhält deshalb nun eine Anzeige wegen Erregung öffentlichen Ärgernisses. Der junge Mann hatte bei Allhaming (Oberösterreich) auf der Westautobahn sein nacktes Hinterteil aus dem Pkw-Fenster gehalten. Einer der Betroffenen war ein Polizist auf einer zivilen Motorradstreife. Dieser stoppte den Wagen. Laut Polizei dürfte nur der Fahrer nüchtern gewesen sein.

(Quelle: Kurier, 24. Jänner 2009)

Mit welcher Absicht werden solche Texte geschrieben?

Geben Sie den Inhalt der drei Nachrichtentexte in Kurzform wieder, so wie Sie ihn Ihrer Freundin bzw. Ihrem Freund erzählen würden.

Finden Sie zu den drei Texten neue Schlagzeilen und schreiben Sie diese in die leeren Felder.
Lesen Sie die Schlagzeilen Ihren Mitschülerinnen und Mitschülern vor.

Worüber wird in den folgenden Nachrichten berichtet?

13 Todesopfer bei Überfall auf Disco

Mexiko City. – 13 Todesopfer hatte gestern ein Überfall auf eine Disco im mexikanischen Creel gefordert. Auslöser für das Blutbad war der Machtkampf zweier rivalisierender Drogenbanden. Erst in der Vorwoche starben bei einem Kampf in Creels Gefängnis neun Häftlinge. In den letzten acht Monaten wurden in Mexiko 2100 Menschen ermordet.

(Quelle: Kronen Zeitung, 19. August 2008)

Flugzeug in Indien abgestürzt – 158 Tote

Acht Überlebende konnten geborgen werden, ein Bub starb aber wenig später. Beim schwersten Flugzeugunglück in Indien seit zehn Jahren sind am Samstag fast 160 Menschen ums Leben gekommen. Eine Maschine der Air India Express schoss bei der Landung auf dem Flughafen der südindischen Stadt Mangalore über die Piste hinaus und ging in Flammen auf. Acht Überlebende, darunter ein kleines Mädchen, konnten aus der brennenden Boeing 737 gerettet werden, ein sieben Jahre alter Bub starb aber wenig später.

(Quelle: www.oe24.at/welt/Flugzeug-in-Indien-abgestuerzt---158-Tote-0712844.ece am 22.5.2010)

Ölteppich bedroht nun auch Sumpfgebiete

Am 22. April war die Ölbohr-Plattform „Deepwater Horizon" nach mehreren Explosionen untergegangen. Seitdem sprudeln täglich hunderte Tonnen Rohöl ins Meer. Einen Teil des Öls fängt der Plattformbetreiber, der Konzern BP, mittlerweile ab. BP pumpt es aus einem Leck in rund 1500 Meter Tiefe hoch in einen Tanker. Die genaue Menge des auslaufenden Öls ist aber unklar. BP gab den Wert lange mit etwa 700 Tonnen pro Tag an. Einige Fachleute vermuten, dass sehr viel mehr Öl aus den Lecks sprudelt.

(Quelle: www.kleinezeitung.at/nachrichten/chronik/oelpest/2359377/bp-will-weiterhin-chemiekeule-einsetzen.story am 25. 5. 2010)

Mit welcher Absicht werden solche Texte geschrieben?

Geben Sie den Inhalt der drei Nachrichtentexte in Kurzform wieder.

Nachrichten dieser Art berichten über **Tagesereignisse**, deren Aktualität bald verblasst. Sie sind nicht unterhaltend, sondern **informativ.**

Überprüfen Sie anhand der sechs Nachrichten, ob sich die journalistische Faustregel, nach der ein Bericht die sechs W-Fragen beantworten soll, auch auf die Nachricht anwenden lässt.

Schreiben Sie einen Nachrichtentext, der unterhaltsam ist.
Vergessen Sie dabei nicht auf die Schlagzeile:

____

____

____

____

____

Reportage

Nichts zu verlieren

Warum die Bewohner der „Pankahyttn" nicht alles geschenkt bekommen und Wien das „Haus Johnstraße" braucht. Von Birgit Wittstock

Sozialschmarotzer werden sie geheißen. Ein bequemes Leben auf Kosten der Steuerzahler würden sie sich machen. Warum bekommen sie eine Wohnung zum Betriebskostenpreis, während andere hart arbeiten, um teure Mieten zu bezahlen? Es könnte ja schließlich jeder kommen und vom Staat eine billige Wohnung fordern. Am Ende sogar gratis. Wäre ja noch schöner.

So oder so ähnlich lesen sich die meisten Postings auf „derStandard.at", wenn es um die „Pankahyttn" geht. Die „Pankahyttn", wie sie deren Bewohner nennen, oder „Haus Johnstraße" – Wohn- und Lebensraum für junge Erwachsene mit sozialarbeiterischen Betreuungsangeboten – wie der vom Hausbesitzer Stadt Wien installierte Betreiber, der Fonds Soziales Wien (FSW), das Wohnprojekt bezeichnet – war bis zu deren Einzug im Winter 2008 ein altes Zinshaus mit schimmelnden Wänden, undichten Fenstern und veralteten Heizkörpern. Ein Spekulationsobjekt, vom ehemaligen Besitzer jahrelang leerstehend gelassen. „Da hätte sonst sowieso keiner wohnen wollen", sagt Bewohner Bernie, wenn man danach fragt, ob er die Aufregung um die „Pankahyttn" verstehe. Außerdem stehe die „Hyttn" für eine der Grundforderungen der „Initiative Pankahyttn: Mietfreies Wohnen für alle."

Mehr Wohnraum

„Das Haus Johnstraße ist ein betreutes Wohnhaus für vormals obdachlose junge Erwachsene, und das wird es auch immer bleiben", sagt Projektleiter Heimo Rampetsreiter. Dass die Punks das Haus geschenkt bekommen hätten, sei eine Illusion, sagt Rampetsreiter. Es gehöre der Stadt Wien und sei ein Angebot für obdachlose Junge, die anderswo nicht unterkämen. „Und dass die politischen Forderungen der Bewohner nach mehr Wohnraum nicht aufhören werden, nur weil es das Haus gibt, ist klar." Er könne sie gewissermaßen verstehen, sagt Rampetsreiter: „Immerhin stehen in Wien einerseits tausende Wohnungen leer, andererseits können sich viele Junge keinen eigenen Wohnraum leisten."

Nach anfänglichen Schwierigkeiten ist es mittlerweile ruhig geworden um das Haus in der Johnstraße 45. Im gefegten Innenhof stehen drei abgewetzte Sofas um einen Couchtisch, aus Fensterkisten wuchern Kräuter, einzig ein paar bunt bemalte Fensterrahmen im taubengrauen Bau verweisen auf die Punks. „Sie stellen keine großen Ansprüche: Sie wollen einen leistbaren, selbstgestaltbaren Wohnraum", sagt Rampetsreiter. Auch das Gezanke mit den Nachbarn habe aufgehört. „Seitdem wir neue Fenster haben, geht es besser", sagt Bernie, „im Innenhof hallt es einfach sehr stark." Zweimal sei in den letzten sechs Monaten die Polizei wegen Lärms ausgerückt, bestätigt Rampetsreiter. In einer Großstadt nicht weiter ungewöhnlich.

Betreutes Wohnen

Momentan werden gerade die ersten Nutzungsverträge mit den rund 20 Bewohnern abgeschlossen. Zu bezahlen haben sie die anfallenden Betriebskosten – wie auch in anderen betreuten Wohneinrichtungen. Peter Hacker, Geschäftsführer des Fonds Soziales Wien, versteht das Haus Johnstraße als „höher qualifizierte Betreuungseinrichtung". Der Kostenaufwand bewege sich jedoch in einem ähnlichen Rahmen wie bei vergleichbaren betreuten Wohneinrichtungen der Stadt. Von einer „Pankahyttn" will er nichts wissen: „Die hat in einer Großstadt sicher auch Platz, aber es ist keine städtische Aufgabe, sie mittels Steuergeldern zu finanzieren", sagt Hacker. „Unsere Aufgabe ist es, die Leute wieder auf die Schienen zu stellen, anstatt die Situation eskalieren zu lassen."

(Quelle: derStandard.at, 25. August 2009, 18:23)

Worterklärung

→ **Punk:** Angehöriger einer Protestbewegung Jugendlicher
→ **Pankahyttn:** umgangssprachlich für: Haus, in dem Punks wohnen

Aus welchen Textteilen setzt sich die Reportage zusammen?

Worüber wird im ersten und in den letzten beiden Abschnitten berichtet?
Welche Aufgabe haben diese drei Textteile?

Aus welcher Sicht werden die einzelnen Abschnitte geschildert?
Wie heißen die Personen und welche Funktion haben sie?

Die Journalistin, Frau Wittstock, verwendet in ihrer Reportage auch sprachliche Wendungen (Ausdrücke), in denen sie die Ereignisse möglichst anschaulich schildert.

Unterstreichen Sie die entsprechenden Textstellen.

Reportagen finden wir in Presseerzeugnissen, im Hörfunk und im Fernsehen.

Über welche Ereignisse wird in Reportagen berichtet?

Suchen Sie in Tageszeitungen und im Internet nach Reportagen und machen Sie dazu Textanalysen.
Halten Sie sich dabei an die ersten drei der oben vorgegebenen Übungsaufgaben.

Informieren Sie sich in Hörfunk- und Fernsehwochenprogrammen darüber, wann und auf welchen Sendern Reportagen gesendet werden.

In der **Reportage** wird über **aktuelle Geschehnisse** berichtet.

Die Berichterstatterin bzw. der Berichterstatter versucht dabei,
ihre bzw. seine Eindrücke über die Ereignisse möglichst **anschaulich zu schildern**,
um bei den Leserinnen und Lesern Anteilnahme am Geschehen zu wecken und die Problematik des Geschehens bewusstzumachen oder sie für ein Ereignis zu begeistern.

Sportreportagen sind gute Beispiele dafür, mit welcher Begeisterung über ein Ereignis informiert werden kann.

Nachrichtenwiedergabe in der Presse

Ein Ereignis und vier Texte

Im Blickpunkt Kompetenzen:

Hier trainieren Sie …
- … formale Aspekte zu erkennen und mit dem Textinhalt in Beziehung zu setzen.
- … Informationen aus unterschiedlichen Texten zu prüfen, zu vergleichen und zu verbinden.
- … die Bewertung von Texten.

„Wetten, dass …?“: Alles für Quote?

Millionen Zusehern stockte bei Samuel Kochs (23 Jahre alt) misslungenem Salto über ein fahrendes Auto der Atem. Heftige Vorwürfe gegen den ZDF: Wollte der Sender mit der viel zu gefährlichen Aktion Zuschauer locken?

„Bevor du am Scheibenwischer klebst, brichst du ab“, hatte „Wetten, dass …?“-Moderator Thomas Gottschalk seinen Wettkandidaten Samuel Koch noch bei der Begrüßung um 20:31 Uhr halb im Scherz gewarnt. Nur Minuten später war dem sonst so redseligen Show-Urgestein das Sprücheklopfen vergangen: Nach dem missglückten vierten Sprung schlug der junge Deutsche um 20:39 Uhr mit dem Kopf hart auf den Hallenboden auf und blieb bewusstlos liegen. Mit einem „Weh getan?“ versuchte Gottschalk noch, den Sturz herunterzuspielen, seine Assistentin Michelle Hunziker erkannte aber schneller den Ernst der Lage und alarmierte einen Notarzt. Samuel wurde vor den Augen des geschockten Saalpublikums erstversorgt, auch seine Mutter Marion musste hilflos zuschauen. Mit Blaulicht wurde der Wettkandidat anschließend in die Uniklinik Düsseldorf gebracht. Besonders tragisch: Vater Christoph Koch – er feierte am Samstag Geburtstag – hatte den Audi A8 gelenkt, der seinem Sohn zum Verhängnis wurde. Nach einer kurzen Unterbrechung beendete Gottschalk die Show um 21:13 Uhr.

Zustand kritisch, aber keine Lebensgefahr

Sonntagmittag musste der Student aufgrund der Schäden an seiner Halswirbelsäule zweieinhalb Stunden lang operiert werden. Sein Zustand ist sehr kritisch, die Ärzte versetzten Samuel daher in einen künstlichen Tiefschlaf. „Er reagiert nicht auf das Bestreichen der Körperoberfläche“, hieß es in einer Pressekonferenz am Sonntagnachmittag. Die Lähmungen sollen aber nur vorübergehend sein, hoffen die Mediziner. Es bestehe keine Lebensgefahr.

(Quelle: http://www.heute.at/unterhaltung/kultur/Wetten-dass-Alles-fuer-Quote-;art3312,478786 vom 5.12.2010)

Sendung abgebrochen. Das Video: Unfall bei „Wetten, dass …?“

Wettkandidat Samuel K. (23) verletzte sich bei einem Sprung über Autos.

Bei der ersten Wette bei der Samstagabend-Show mit dem Titel „Power Jump“ sollte der Wettkandidat aus Koblenz vor den Augen seiner Mutter mit Sprungfedern über fahrende Autos springen. Während der erste Sprung über einen Smart gelang, brach der Kandidat den zweiten Versuch - über einen Mini - ab. Der dritte ging noch einmal gut.

Vater fährt Sohn nieder

Beim vierten Versuch prallte er schließlich gegen das Auto (einen Audi, gelenkt ausgerechnet von seinem Vater) und blieb regungslos liegen. Rettungssanitäter trugen den Verunglückten aus der Halle.

Not-OP

Am Sonntag, 5.12., wurde der 23-Jährige einer zweieinhalbstündigen Notoperation unterzogen und in künstliches Koma versetzt. Zwar bestehe keine akute Lebensgefahr, der Patient sei aber in „ausgesprochen kritischem Zustand“, hieß es aus der Uniklinik Düsseldorf.

Schwere Verletzungen

Die Verletzungen hatten sich nach Klinik-Angaben als schwerwiegender herausgestellt als nach dem Unfall vermutet. Koch habe eine komplexe Verletzung an der Halswirbelsäule, auch das Rückenmark sei in Mitleidenschaft gezogen worden, sagte der ärztliche Direktor der Uniklinik, Wolfgang Raab. Er sprach außerdem von Lähmungserscheinungen, zu möglicherweise bleibenden Schäden wollte er sich nicht äußern. Der 23-jährige Samuel Koch, der an der Hochschule für Musik, Theater und Medien in Hannover studiert und Hobby-Kunstturner ist, hatte in der Rheinhalle gewettet, mit Hilfe von an seine Füße geschnallten Federbeinen über fünf fahrende Autos zu springen. Bereits bei den Proben war er gestürzt, wie er noch vor der Sendung der „Badischen Zeitung“ sagte.

Sendung abgebrochen

Nach dem Unfall unterbrach Gottschalk die Sendung zunächst, kurz darauf brach er sie komplett ab. „Ich entlasse Sie ratlos. Ich bin ratlos, Sie sind ratlos - und traurig sind wir alle.“ Später sagte der Moderator im ZDF-„heute journal“, es sei das erste Mal in seiner Karriere, dass er die erfolgreiche Show abgebrochen habe. „Wir wollen nicht auf heiter machen, wenn wir nicht heiter sind“, erklärte er.

(Quelle: http://www.oe24.at/kultur/Schwerer-Unfall-bei-Wetten-dass/11841277 vom 4.12.2010, aktualisiert am 5.12.2010, gekürzt)

„Wetten, dass …?“ nach Unfall abgebrochen

Die ZDF-Show „Wetten, dass …?“ ist am Samstagabend nach einem Wettunfall vorzeitig abgebrochen worden. Ein 23-jähriger Kandidat verletzte sich bei einem Sprungversuch über ein fahrendes Auto schwer. Sichtlich geschockt brach Moderator Thomas Gottschalk daraufhin die Live-Sendung ab, der 23-Jährige liegt auf der Intensivstation.

Bei der ersten Wette mit dem Titel „Power Jump“ war der Kandidat Samuel Koch mit Sprungfedern an den Füßen gegen ein fahrendes Auto gesprungen. Der 23-Jährige hatte gewettet, mit Hilfe der Sprungfedern innerhalb von vier Minuten über fünf fahrende Autos springen zu können. Der erste Versuch klappte, den zweiten brach er ab. Der dritte ging noch einmal gut, beim vierten prallte der Kandidat gegen das Auto und blieb zum Schrecken aller reglos liegen. Am Steuer des Wagens saß sein eigener Vater.

Gottschalk geschockt

Rettungssanitäter trugen den Verletzten aus der Halle. Ein sichtlich geschockter Moderator Thomas Gottschalk unterbrach zunächst die Sendung. Der junge Mann sei ansprechbar und auf dem Weg in die Klinik, berichtete der Moderator. Kurz darauf brach Gottschalk die Show komplett ab. „Ich bringe es nicht fertig, jetzt hier weiter zu moderieren“, sagte Gottschalk kreidebleich. Es sei der erste derartige Abbruch in seiner Karriere.

Kandidat liegt auf Intensivstation

Gottschalk bat sein Publikum um Verständnis, dass er die Show nicht fortsetzen könne. „Wir fühlen uns verpflichtet, nicht auf heiter zu machen, wenn wir nicht heiter sind.“ Später teilte der Moderator noch mit, dass es dem 23-jährigen Kandidaten den Umständen entsprechend gut gehe. Er sei bei Bewusstsein und auch ansprechbar. Samuel Koch liegt auf der Intensivstation. Das sagte die Sprecherin der Universitätsklinik Düsseldorf, Susanne Dopheide, am Sonntagmorgen. „Ich kann im Moment noch keine Angaben machen, ob er operiert worden ist oder nicht – das richtet sich nach seinem Gesundheitszustand“, erklärte sie. „Wir müssen jetzt abwarten. Wir werden im Laufe des Tages dazu noch mal Stellung nehmen.“ Für 15:00 Uhr kündigte Dopheide eine Pressekonferenz der Klinik an.

(Quelle: http://www.salzburg.com/online/homepage/aktuell/Wetten-dass-nach-Unfall-abgebrochen vom 4.12.2010)

„Wetten, dass …?“: Wettkandidat stürzte bereits bei den Proben

**Vor der Sendung war der 23-Jährige „noch skeptisch“.
Er sei bei den Proben zweimal schwer gestürzt.**

Der am Samstagabend bei „Wetten, dass …?“ verunglückte Wettkandidat Samuel ist bereits bei den Proben für die Sendung gestürzt. „Der Wettteil klappt noch nicht“, hatte der 23-Jährige vor Beginn der Liveshow der „Badischen Zeitung“ gesagt. „Bei den Proben am Donnerstag bin ich zweimal schwer gestürzt“, zitierte das Blatt den aus Baden-Württemberg stammenden Wettkandidaten. Die Proben hätten ihm zwar eine „gewisse Sicherheit“ gegeben. „Ich bin aber doch noch skeptisch“, sagte er.

„Der Wettteil klappt noch nicht“

Das ZDF habe im Vorfeld keine Zweifel daran gehabt, dass Samuel seine Wette machen könne, sagte Peter Gruhne, der zuständige Sprecher des Mainzer Senders, am Sonntag gegenüber der Nachrichtenagentur dpa. Es habe zwar bei den Proben einen Sturz gegeben. Dieser sei aber „völlig undramatisch“ gewesen.

Der 23-Jährige hatte gewettet, mit Hilfe von Sprungfedern, die er sich an die Beine schnallte, über fünf fahrende Autos zu springen. Bei zwei Autos klappte der Versuch. Danach streifte er ein Auto, geriet ins Trudeln und prallte mit voller Wucht auf den Boden, wo er regungslos liegen blieb. Das ZDF brach die Live-Übertragung aus Düsseldorf ab.

Übertragung wurde abgebrochen

Im Fernsehen war minutenlang das fassungslose Publikum in der Messehalle zu sehen. Moderator Thomas Gottschalk sagte unmittelbar nach dem Unfall des Wettkandidaten: „Wir haben's ein paar Mal geprobt, und er hat's immer, immer geschafft eigentlich. Und einmal hat's ihn auf den Hintern gesetzt, aber da ist er sofort wieder aufgesprungen.“

(Quelle: http://diepresse.com/home/kultur/medien/615959/Wettkandidat-stuerzte-bereits-bei-den-Proben vom 5.12.2010)

Vergleichen Sie selbst!

Die vier Artikel unterscheiden sich in **Aufmachung**, **Aufbau** und **Inhalt** voneinander.

Suchen Sie aus vier verschiedenen Zeitungen Texte zum gleichen Thema.
Vergleichen Sie die Gestaltung der vier Texte nach den folgenden Gesichtspunkten und besprechen Sie, wie das unterschiedliche Layout wirkt:

- Schriftgröße
- Schriftart
- Spalteneinteilung
- Schriftblöcke

Notieren Sie in der ersten Spalte der Tabelle, wie die einzelnen durch verschiedene Schriftgrößen unterschiedenen Textteile heißen. Kreuzen Sie an, welche der Textteile in den vier Zeitungsberichten jeweils vorkommen:

Textteile	Text 1	Text 2	Text 3	Text 4

Zeitungen und Zeitschriften vermitteln nicht nur **Informationen**. Durch Stilmittel, vor allem aber auch durch Bilder können **Stimmungen und Urteile** besonders stark zum Ausdruck gebracht werden.

Untersuchen Sie die sprachlichen Mittel in den vier Texten und stellen Sie fest,

- welcher Artikel sachlich-nüchtern abgefasst ist,
- welcher die Dramatik der Situation schildert,
- in welchem Text die Vorgänge am Tatort im Mittelpunkt stehen,
- in welchem Artikel neben dieser Tat auch von anderen derartigen Situationen berichtet wird.

Beachten sollte man beim Lesen von Zeitungstexten auch die Aktualität. Ereignisse wie Flugzeugabstürze, Naturkatastrophen, Kriegswirren, Hungersnöte usw. erzeugen lediglich am **Anfang ihrer Aktualität großes mediales Interesse**, im Laufe der darauffolgenden Tage und Wochen geraten sie jedoch schnell wieder in Vergessenheit.

- **Recherchieren Sie, wie es Samuel Koch nach seinem schweren Unfall heute geht.**
- **Verfolgen Sie über einen bestimmten Zeitraum hinweg die mediale Berichterstattung über ein aktuelles Geschehen.** Sammeln Sie einige der darüber abgefassten Zeitungsberichte und vergleichen Sie diese hinsichtlich ihrer formalen Gestaltung und inhaltlichen Gesichtspunkte.

Werbung vermittelt Botschaften

Die AIDA-Formel

Die Reize einer Werbebotschaft sollen **Aufmerksamkeit** erregen,	**A**ttention (Achtung)	A
bestimmte **Gefühle** und bestimmte **Gedanken** auslösen,	**I**nterest (Interesse)	I
bestimmte **Meinungen** und **Einstellungen** hervorrufen,	**D**esire (Wünsche, Bedürfnisse)	D
um beim Kunden die gewünschten **Kaufentscheidungen** herbeizuführen.	**A**ction (Handlung)	A

Im Blickpunkt Kompetenzen:

Hier trainieren Sie …

- … das Erkennen von Sprachtricks in der Werbebranche.
- … Medien- und Wirtschaftsfaktoren zu verstehen.
- … das kritische Hinterfragen von Gesellschaft und Wirtschaft.
- … das Wahrnehmen von Werbephänomenen.

Wo überall begegnet man der Werbung?

____

____

____

____

____

Werbung zeigt Produkte und Menschen immer von ihrer schönsten Seite: makellose, freundliche und fröhliche Menschen, bunte Farben, unterhaltende und nette Handlungen … Ein wesentlicher Faktor dabei ist das attraktive Frauenbild, nicht selten auch in sexistischer Form.

Wie denken Sie über die Rolle der Frau in der Werbung?

Sind sexistische Darstellungen zum gewohnten Anblick geworden?

Suchen Sie in Zeitungen und Zeitschriften nach einer ganzseitigen Werbeanzeige. Machen Sie dazu eine schriftliche Analyse – halten Sie sich dabei an die folgenden Leitfragen:

- Welches Produkt wird beworben?
- Was oder wer ist dargestellt?
- Ist viel Text zu lesen?
- Wer wird angesprochen?
- Welches Gefühl wird vermittelt?
- Welche Farben werden verwendet?
- Wie lautet die Botschaft?
- Welche Informationen bekommt man?

Präsentieren Sie die Werbeseite und Ihre Text- und Bildanalyse der Klasse.

Wer „braucht“ was: Zielgruppen und ihre Bedürfnisse

Welche Bedürfnisse würden Sie welcher Zielgruppe zuordnen?
Verbinden Sie Zielgruppen und Bedürfnisse durch Linien:

Zielgruppen

Familie

Babys

Kleinkinder

Schulkinder

Jugendliche

Hausfrauen

Karrierefrauen

Männer

Singles

Seniorinnen und Senioren

Haustierbesitzerinnen

und -besitzer

Bedürfnisse

Umwelt

Bequemlichkeit

Freiheit

Vorbilder

Geborgenheit

Erfolg

Gesundheit

Wissenschaftlichkeit

Wirtschaftlichkeit

Schönheit

Freizeit

Unabhängigkeit

Wohlstand

Sicherheit

Worterklärung

→ **visuell:** durch das Auge aufgenommen

→ **Slogan:** knappe, einprägsame Äußerung, Schlagwort

Was wird in Ihrem Ausbildungsbetrieb hergestellt oder verkauft?

Welche Dienstleistung bietet das Unternehmen an, in dem Sie arbeiten?
Welche Zielgruppe(n) soll(en) damit angesprochen werden?

Zur Diskussion gestellt:

- Was will Werbung? Was ist das Ziel?
- Was darf bzw. soll Werbung, was darf sie nicht?
- Worauf sollte die Konsumentin bzw. der Konsument im Zusammenhang mit Werbung unbedingt achten?
- Ist Werbung überhaupt notwendig?
- Wie präsentiert sich Werbung?
- Ist für Sie beim Kauf einer Ware die jeweilige Werbung entscheidend?
- Von welchen Faktoren in der Werbung lassen Sie sich beeinflussen?
  Denken Sie an Preis, Qualität, Marke, visuelle Aufmachung, sprachliche Gestaltung …
- Welche Slogans und Werbetexte aus der aktuellen Werbung gefallen Ihnen besonders gut, welche weniger?

Begründen Sie Ihre Meinungen im Klassengespräch.

Werbetexte(r) und das Wissen um die Sprache

Neben den visuellen Bestandteilen ist vor allem die Sprache ein wichtiger Träger von Werbebotschaften.
(Quelle: Die Sprache der Werbung, www.uni-graz.at / pub / 05W / 2005-11-0343.doc)

Von Grundwortarten zu kreativen Wortschöpfungen

Wortarten, die in der Werbung häufig vorkommen:

Nomen (Namenwort):
Preis, Angebot, Idee,
Vorteil, Auswahl, Vernunft ...

Verb (Zeitwort):
vergleichen, kaufen,
abholen, mitnehmen

Adjektiv (Eigenschaftswort):
zukunftssicher, gratis,
trendig, nachhaltig ...

Welche Wörter, die in den Bereich „Werbesprache“ passen, fallen Ihnen ein?
Schreiben Sie diese in die jeweilige Rubrik.

In Werbetexten werden oft **zusammengesetzte Adjektive** verwendet, die die Qualität eines Produkts besonders hervorheben:

zucker**süß** – süß wie Zucker

Bestimmungswort: zucker — **Grundwort**: süß

Ergänzen Sie links die Umschreibungen der Adjektive und rechts jeweils das zusammengesetzte Adjektiv:

schneeweiß ______	scharf wie ein Messer ______
porentief ______	leicht wie eine Feder ______
steinhart ______	frisch wie der Ozean ______
glasklar ______	weich wie Butter ______

Kombination zweier positiver Aussagen

leistungsmäßig gut und stark zugleich = leistungsstark (Media Markt)

Schreiben Sie die Zusammensetzungen auf:

mild und würzig zugleich – ______________________________ (Gurktaler Speck)

feurig und pikant zugleich – ______________________________ (Erasco / Thai-Suppe)

kuschelig und weich zugleich – ______________________________ (Lenor Weichspüler)

Schlüsselwörter, Augenblickskomposita und Produktnamen

Schlüsselwörter

Als Schlüsselwörter bezeichnet man Ausdrücke, die in der Werbung dazu dienen, individuelle und emotionale Assoziationen (d. h. Verknüpfungen von Vorstellungen) auszulösen. Sie sollen bei den Konsumenten positive Gedanken und entsprechende Bedürfnisse hervorrufen. Schlüsselwörter sind selten lange aktuell. Sie unterliegen den herrschenden Modetrends und wechseln daher sehr häufig.

Lebensmittelindustrie:
Bioprodukt, biologisch, natürlich, Vitamin, fruchtig, fit, gesund ...

Heilpflanzen, Schutz, bewusst ernähren – bewusst leben, Aroma, Genuss, Geschmack ...

Welche Schlüsselwörter fallen Ihnen zu den Bereichen Mode, Kosmetik und Auto ein?
Notieren Sie hier einige Wörter:

Mode: Selbstbewusstsein, ______________________________

Kosmetik: Schutz und Pflege, ______________________________

Auto: Sicherheit, ______________________________

Wählen Sie ein Produkt, das in Ihrem Ausbildungsbetrieb hergestellt bzw. verkauft wird; vielleicht ist es auch eine Dienstleistung, die angeboten wird.
Schreiben Sie einige Schlüsselwörter auf, die Sie damit in Verbindung bringen.

____

____

Augenblickskomposita

Augenblickskomposita entstehen dadurch, dass für eine bestimmte Gelegenheit zwei Begriffe miteinander verbunden werden. Es handelt sich also um Wortbildungen, die erstmalig oder einmalig in einem Text auftauchen. Sie kommen dem Anspruch der Werbung auf Originalität und sprachliche Kreativität sehr entgegen.

BESTSELLERZONE	KAMPFPREIS
GRATISKAUF	FASERSCHMEICHLER
MEGAPEARLS	...
TIEFPREISLATTE	

Welche anderen Augenblickskomposita kennen Sie?

____

____

____

Produktnamen

Mit dem Namen wird die Öffentlichkeit auf ein Produkt aufmerksam gemacht. Der Markenname (häufig auch der Familienname des Unternehmers) soll ein Markenbild und ein bestimmtes Image entwickeln.

Welche Produkte bzw. welches Image verbindet man mit den folgenden Familiennamen? Schreiben Sie einige Produkte auf:

Versace ______________________________

Porsche ______________________________

Sacher ______________________________

Hofer ______________________________

Welche Unternehmen kennen Sie, deren Familiennamen mit den Markennamen ident sind?
Führen Sie auch entsprechende Produkte an:

[ ] ______________________________

[ ] ______________________________

[ ] ______________________________

Worterklärung

→ **Image:** Bild, das sich die Öffentlichkeit von einer bestimmten Sache oder Person macht
→ **ident:** gleich

Fremdsprachiges: Nicht nur die Waren werden importiert, sondern auch die Wörter!

Manche Produkte werden mittels fremdsprachiger – meist englischer – Texte oder Slogans beworben. Häufig sind auch gezielt Ausdrücke oder Wendungen aus dem Englischen in deutschsprachigen Werbetexten eingebaut.

Wie lautet die deutsche Übersetzung?

UNITED COLORS OF BENETTON (BENETTON) –

____

Dive into Life (Yam! Zeitschrift) –

____

It's time to change. Der neue Renault. (Renault) –

____

Kennen Sie Werbetexte, die in Englisch abgefasst sind oder einzelne Wörter aus dem Englischen enthalten?

Beliebt sind auch sogenannte **Hybridbildungen**, die sich aus Elementen der Ausgangssprache und der Zielsprache zusammensetzen:

Fun- / -paket

Haar- / -spray

Bestseller- / -zone

Welche aktuellen Hybridbildungen kennen Sie? Notieren Sie einige:

____

____

____

____

____

____

____

Suchen Sie in verschiedenen Zeitschriften Werbetexte, die in Englisch abgefasst sind, und gestalten Sie damit Collagen. Verwenden Sie auch das jeweilige Bildmaterial.

Worterklärung

→ **Hybride, der:** Pflanze oder Tier als Ergebnis von Kreuzungen

→ **hybrid:** aus ungleichen Teilen, von gemischter Herkunft

Wortspielereien: Sprichwörter, Redewendungen und noch einiges mehr

Die Verwendung von **Sprichwörtern**, **umgangssprachlichen Redewendungen** und **Wortverbindungen** dient in der Werbesprache dazu, die Distanz zwischen Werbung und der jeweiligen Zielgruppe zu verringern und ein scheinbar vertrautes Verhältnis zu schaffen.

Wo haben die ersten drei Slogans ihren sprachlichen Ursprung? Machen Sie sich Notizen:

Einer für alle! (VW Golf)

Alles Gute für Ihre Gesundheit! (Wüstenrot Versicherung)

Wir fühlen den Preisen auf den Zahn! (BILLA / Zahncreme)

I find des supa! (Möbelhaus Lutz / Familie Putz)

Is wos G'scheits! (Fertiggerichte von Iglo)

Wort- und Sprachspiele stellen von der Form her eine **Abweichung** von der sprachlichen Norm dar und erregen dadurch Aufmerksamkeit. Diese Abweichung erfolgt absichtlich, um eine witzige Wirkung zu erzeugen:

- Fun-tastisch
  (Skiregion Niederösterreich)
- Der HELD, was er verspricht!
  (Kinofilm)
- Gans was Feines!
  (Martinigansl bei Merkur)
- Auf die Tube, fertig, los!
  (Konfitüren von Meinl)
- Heute drehen die Preise durch!
  (Pauritsch Bürotechnik)
- Fix und FELIX. Die köstlichen Fertiggerichte von FELIX!
  (Felix)

Untersuchen Sie die Werbebotschaften auf Wörter und Redewendungen, die verfremdet wurden. Wie würde es „richtig" heißen?

Kennen Sie andere Werbetexte, in denen Wortspiele vorkommen, oder Werbetexte, die auf Sprichwörter und Redewendungen zurückgehen?

Aus der Werbung nicht wegzudenken: Aufforderungssatz und Fragesatz

Viele Werbebotschaften sind mit Aufforderungen oder Fragen verbunden.

Aufforderungen sollen die Konsumentinnen bzw. die Konsumenten dazu bewegen, etwas Besonderes in Zusammenhang mit dem beworbenen Produkt zu tun.

- Zu Risiken und Nebenwirkungen lesen Sie die Anzeige oder fragen Sie Ihren Händler!

- Besuchen Sie unsere Filialen und überzeugen Sie sich persönlich!
- Kommen Sie zu uns! Wir sind die Besten!

Schauen Sie mit Ihrer Kollegin bzw. Ihrem Kollegen Zeitungen und Zeitschriften durch. Rufen Sie sich Werbebotschaften aus Radio und Fernsehen ins Gedächtnis.

Notieren Sie Beispiele mit Aufforderungscharakter an die Konsumentinnen und Konsumenten:

Die Funktion des **Fragesatzes** in der Werbesprache liegt darin, eine bestimmte Zielgruppe auf ein bestimmtes Produkt oder Angebot aufmerksam zu machen und sie von dessen Vorzügen zu überzeugen. Die Frage weist bereits auf das beworbene Produkt hin oder nennt es und soll die Konsumentin bzw. den Konsumenten indirekt zum Kauf auffordern.

- Sie suchen schnelle Hilfe bei Erkältung? (Aspirin+C)

- Warum mehr bezahlen? (Tele2)
- Fehlt Ihnen was? (Serano-Schinken)

Welche Werbebotschaften vermitteln die drei Fragen?
Die einzelnen Produkte könnten auch in Aufforderungssätzen beworben werden. Wie könnten diese Aufforderungen lauten? Denken Sie daran, im Aufforderungssatz das Produkt zu nennen!

Wussten Sie, dass Sie mit KANDISIN über 27 000 Kalorien pro Jahr sparen können? (KANDISIN)

Reif für ein bisschen Schweden? (Wasa Knäckebrot)

Brauchen Sie Ihr Auto fürs Ego oder zum Einkaufen? (Honda Jazz)

Mit Sprache kann man Bilder „zeichnen“: Stilfiguren in der Werbung

Werbetexterinnen und Werbetexter versuchen die Sprache so zu nutzen, dass Bilder „gezeichnet“ werden und damit absichtlich eine bestimmte Wirkung hervorgerufen wird. Das Ergebnis wird als **Stilfigur** bzw. Stilmittel **bezeichnet.**

Wirkung durch Wiederholung

In vielen Werbetexten werden bestimmte **Ausdrücke bewusst wiederholt**, um eine Echowirkung zu erzeugen und somit der Aussage möglichst viel Nachdruck zu verleihen:

- Reifen. Reifen. Reifen. Bei point S dreht sich alles um Reifen. Und Punkt. (GOOD YEAR)
- Sie müssen nicht Felix heißen, um Felix zu lieben. (Felix / Ketchup)

- Besonderer Genuss. Für besondere Momente. Das Besondere entdecken. Seit 1889. (Bahlsen / Waffel)

Die **Wiederholung des ersten Buchstabens** (Stabreim, Alliteration) eines **Wortes** oder einer **Wortgruppe** (Anapher) **am Beginn aufeinanderfolgender Sätze** bewirkt eine besondere Betonung des Gesagten und kann auch eine gewisse Stimmung erzeugen:

- Wenn Winzer Wunder wirken. (Wein aus Kalifornien)
- Welt. Weit. Weg. Zum garantierten „Best Price“. (KLM Fluglinie)

- Jet Kraftstoff ist nicht gerade aufregend: Immer gleich hohe Qualität. Immer penibel kontrolliert. Immer gleich gut zum Motor. (Jet Kraftstoff)
- Wählen Sie den Genuss! Wählen Sie aus drei Frosta Gerichten! (Frosta Fertiggerichte)

Suchen Sie in Zeitschriften und Prospekten Werbetexte, in denen Wort- oder Wortgruppenwiederholungen vorkommen. Schreiben Sie einige Sätze in das leere Feld. Tauschen Sie die Ergebnisse Ihrer „Werbesprache-Recherche“ mit den anderen Gruppen aus.

Wirkung durch Bilder und Vergleiche

➔ Zum besseren Verständnis einer Aussage wird ein **Vergleich** aus einem anderen Bereich herangezogen. Ein Ausdruck wird somit **bildhaft** umschrieben (Metapher):

Ein **Herz** aus purer Kraft! (Fiat Barchetta)
↓
Motor

So können auch **Naschkatzen** abnehmen! (formoline L112)
↓
Personen, die gerne Süßigkeiten essen

Ein gesundes hauteigenes Immunsystem ist die moderne **Verteidigungsstrategie** gegen Hautalterung (CLINIQUE – Feuchtigkeitspflege)
↓
Vorbeugung, Maßnahme

➔ Die Verbindung zweier Sinneswahrnehmungen im sprachlichen Ausdruck (Synästhesie) setzt das beworbene **Produkt mit den menschlichen Sinnen in Beziehung**.

Interpretieren Sie die beiden Werbebotschaften:

- Da werden Ihre **Ohren Augen** machen! (Videorecorder von Nordmende)

____

____

- Noch nie war **dunkel** so **zart**. (Milka – Schokolade)

____

____

➔ In der **Gegenüberstellung** (Antithese) werden Gegensätze beschrieben.

Welche Werbebotschaften vermitteln die vier Gegenüberstellungen?

- **Kleine** Stollen – **groß** im Geschmack! (Ölz)
- Kleine Törtchen – großer Genuss! (Manner)
- Großer Speicher in kleinem Format! (Verbatim USB-Stick / Media Markt)
- So groß kann klein sein! (VW Polo)

Erfinden Sie kurze Werbesätze nach dem oben angeführten Muster:

____

____

➔ Oft ersetzt der **Name des Produkts ein anderes Wort:**

- Gut. Besser. Gösser! (Gösser Bier)
- Ich bin so was von Kika! (Kika)

Besprechen Sie, was damit ausgedrückt werden soll, wenn der Warenname anstelle des Superlativs (2. Steigerungsform) steht. **Welches aktuelle Produkt könnte man in den folgenden Wortkombinationen anstelle des Superlativs einsetzen?**

WEICH – WEICHER – ______________________ BUNT – BUNTER – ______________________

FRUCHTIG – FRUCHTIGER – ______________________ GLATT – GLATTER – ______________________

➔ **Endreim**

- Mars macht mobil, bei Arbeit Sport und Spiel! (Mars)
- Jeder schmeckt, dass Ölz mit Liebe bäckt! (Ölz)

Warum ist der Endreim ein beliebtes Stilmittel in der Werbung?

Welche Beispiele aus der aktuellen Werbung fallen Ihnen ein?

____

____

____

____

➔ Mit dem Stilmittel der **übertriebenen, überschwänglichen Formulierung** (Hyperbel) wird ein Produkt in höchsten Tönen beworben:

- Haare wie neu geboren und glänzend wie noch nie. (Polykur Shampoo)
- Günstig wie noch nie! (Media Markt)

Erfinden Sie kurze Werbetexte und bauen Sie das Stilmittel der Übertreibung bewusst ein:

____

____

____

____

➔ Die **Vermenschlichung der Ware** (Personifikation) lässt Gegenstände oder Wirkstoffe wie Menschen erscheinen, indem sie mit Eigenschaften oder aussagenden Verben versehen werden, die eigentlich nur Menschen zukommen:

- Autos lieben Forstinger! (Forstinger, Pkw-Reifenmarkt)
- Katzen würden Whiskas kaufen! (Whiskas)

Werbung will Vertrauen schaffen

Vertrauen erwecken gehört zu den wichtigsten psychologischen Mitteln, um ein Produkt erfolgreich verkaufen zu können. Die Konsumentin bzw. der Konsument muss von der **Qualität der Ware** erst einmal überzeugt werden, wozu auch Hersteller, Verkäuferin bzw. Verkäufer einen wesentlichen Anteil beitragen können.

Um die Qualität eines Produkts hervorzuheben und gleichzeitig das Vertrauen jedes Einzelnen dafür zu gewinnen, nutzen Werbefachleute den **Nachahmungstrieb**. Sie berufen sich zum Beispiel auf bekannte Persönlichkeiten, Auszeichnungen und jahrelangen Geschäftserfolg, auf die Bezeichnung „Hoflieferant" oder auch auf die vielen Zweigstellen eines Unternehmens ...

(Quelle: Werbung www.brgzell.salzburg.at/greiner/pages/Index%20Psycho/werbung.html)

Wir wünschen dem österreichischen Skiteam für die kommende Saison alles Gute!
(Atomic)

Teegenuss seit 1706!
(Twinings)

Österreichs Autofahrerinnen und Autofahrer vertrauen auf Semperit-Winterreifen!
(Semperit)

Nespresso, what else?
(George Clooney für Nespresso)

Bei welchen Produkten ist für Sie das Vertrauen in die Ware besonders wichtig?

Welche Produkte fallen Ihnen ein, die von Persönlichkeiten oder von Stars aus Film, Musik und Sport beworben werden?

Lassen Sie sich davon beeinflussen, wenn hinter einem bestimmten Produkt ein internationaler Star als Aushängeschild steht?

In welcher Betriebsform findet Ihre Berufsausbildung statt – in einem Klein-, Mittel- oder Großbetrieb, in einem Familienunternehmen, in einem verstaatlichten Betrieb oder in einem Konzern?
Wird in diesem Unternehmen großer Wert auf Werbung gelegt?
Gibt es in diesem Unternehmen eine eigene Werbeabteilung?
Wie sieht die produktbezogene Werbung aus? Beschreiben Sie diese.

Wie würden Sie das in Ihrem Betrieb hergestellte Produkt oder die angebotene Dienstleistung bewerben?
Entwerfen Sie am PC einen Folder und präsentieren Sie Ihr Arbeitsergebnis der Klasse. Danach sprechen Sie über die kreative sprachliche Gestaltung.

05

Informationssuche und Leseverständnis

Was Sie in diesem Kapitel erfahren:

Mit Informationen umgehen lernen
Nachschlagewerke
Internetsuche, Suchbegriffe

Infos über Lesen und Verstehen
Lesetechniken
Kurzbiografie und Interview
Sachthemen
Inhaltsangaben

Wortschatz
Bildhafte Sprache
Redewendungen
Sprichwörter
Fachsprache

Informationen – vom Sammeln und Ordnen zum Verstehen

Gezielte Informationsbeschaffung, sei es zu einem bestimmten Sachgebiet oder zu einem vorgegebenen Thema, wird angesichts der stetig wachsenden Flut von Daten und Informationen zu einer immer größeren Herausforderung. Um aus der Unmenge an zur Verfügung stehenden Daten die wesentlichen Informationen herauszufiltern, ist ein systematisches und kritisches Vorgehen notwendig. Übrigens: Nicht jedes „gedruckte Wort" muss wahr sein ... Benutzen Sie daher immer **mehrere Quellen**, um eine möglichst **sichere Information** zu erhalten.

Im Blickpunkt Kompetenzen:

Hier trainieren Sie ...

... das Sammeln von Informationen aus Nachschlagewerken und aus dem Internet.

... Informationen aus unterschiedlichen Texten zu prüfen, zu vergleichen und zu verbinden.

Überlegen und notieren Sie, wo Sie Informationen zu folgenden Themen finden könnten:

Seminare für Ihren Beruf ______________________

Stellenangebote ______________________

Sportergebnisse ______________________

Modetrends ______________________

Wohnungsangebote ______________________

Will man sich zu einem bestimmten Thema allgemein und / oder fachspezifisch informieren, stehen verschiedene Möglichkeiten bzw. unterschiedliche Medien zur Verfügung:

- **Konversationslexika** und **Enzyklopädien** (Themen meist nach Sachgebieten geordnet, geben einen umfassenden Überblick und bieten Schwerpunkte)
- **Fachlexika** (Sachwörterbücher, Personenlexika ...)
- **Wörterbücher** (Fremdwörterbuch, Bedeutungswörterbuch, Herkunftswörterbuch ...)
- **Sach- und Fachbücher** (meist mit Schlagwortregister, wo Sie Verweise auf die entsprechenden Seiten finden)
- **Fachzeitschriften** (widmen sich einem klar eingegrenzten Fachgebiet)
- **Zeitungen** und **Zeitschriften**
- **Internet**
- **Radio** und **Fernsehen**, **CDs** und **DVDs** (Informationen zu zahlreichen Themen wie etwa Reise, Politik und Geschichte, Natur ...)

Nachschlagewerke und Bücher stehen in **Bibliotheken** zur Verfügung.

Vor Beginn der Recherche empfiehlt es sich, ein **Stichwort** oder mehrere Stichwörter zu überlegen, die möglichst das gesamte Thema umfassen. Mit diesem Stichwort kann man die Suche – sowohl im Internet als auch mithilfe von Büchern – beginnen und sich dann anhand der gefundenen Informationen weiterarbeiten.

Worterklärung

→ **Information:** Bildung, Mitteilung, Auskunft

→ **qualifiziert:** befähigt, fachmännisch, sachkundig

→ **Trend:** Mode, Zukunft

→ **Quelle:** Auskunft

→ **Experte:** Person mit Fachwissen

Mit welchen Informationsquellen haben Sie bereits Erfahrung? Welche benutzen Sie?

Notieren Sie gemeinsam mit Ihrer Kollegin bzw. Ihrem Kollegen vier aktuelle Themen. Schreiben Sie Stichwörter dazu auf, die Sie für eine Recherche verwenden können:

Die Temperaturen auf der Erde werden immer wärmer.

Klimawandel, Erderwärmung, Klima, Wetterforschung ...

1.

2.

3.

4.

Die verschiedenen Informationen müssen Sie sammeln und dann Wichtiges von Unwichtigem trennen. Wie geht man dabei sinnvoll vor?

Alle Informationen werden nach folgenden Gesichtspunkten gereiht:

- nach der zeitlichen Abfolge (chronologisch)
- nach dem Inhalt (sachlich)
- nach rechtlichen Punkten
- Unangenehmes weder zu Beginn noch am Ende (psychologisch)
- das beste Argument zum Schluss (strategisch)

Anschließend erstellen Sie eine Zusammenfassung.

Worterklärung

→ **Recherche:** Suche nach Informationen

→ **Psychologie, psychologisch:** Wissenschaft von der Seele, Seelenleben, die Seele betreffend

Lexika und Nachschlagewerke richtig verwenden

Ein **Nachschlagewerk** zählt zur Fachliteratur und ist eine umfassende Sammlung von Daten. Diese Daten sind systematisch oder nach dem Alphabet gereiht.
Enzyklopädien, Lexika und Wörterbücher müssen nicht immer in Form von Büchern vorliegen, sie können auch **online im Web** abgerufen werden oder auf **CD-ROMs oder DVDs** zur Verfügung stehen.

Nicht immer hat man die entsprechenden Nachschlagewerke zuhause. In öffentlichen Bibliotheken hat jeder die Möglichkeit, sich Bücher auszuborgen oder gleich in der Bibliothek nachzulesen.

Erkundigen Sie sich, wo die Ihrem Wohnort nächstgelegene Bibliothek zu finden ist, und notieren Sie die Adresse und die Öffnungszeiten. Schauen Sie dann im Stadtplan nach, um den Weg dorthin beschreiben zu können:

Finden Sie gemeinsam mit Ihrer Kollegin bzw. Ihrem Kollegen heraus, nach welchen Gesichtspunkten die Bücher im Katalog einer Bücherei gesucht werden können, und notieren Sie diese:

Zu den wichtigsten Informationsquellen zählen **Sach- und Fachbücher**.

- **Sachbücher** informieren interessierte Laien über ein bestimmtes Sachthema wie Politik, Wirtschaft, Wissenschaft, Kultur usw. Die Themen sind allgemein verständlich aufbereitet und richten sich damit an ein breites Publikum.
- **Fachbücher** informieren ein bestimmtes Fachpublikum über ein spezielles Thema. Sie sind wissenschaftlich geschrieben und enthalten viele Fach- und Fremdwörter. Damit sind Fachbücher schwerer verständlich. Fachbücher sind häufig berufsbezogen.

Überlegen Sie in Gruppen, bei welchen der folgenden Bücher es sich um Sach- bzw. um Fachbücher handeln könnte, und begründen Sie Ihre Meinung:

Technologie für Augenoptiker

____

Illustrierte Chronik der Weltgeschichte

____

Die neue deutsche Rechtschreibung

____

Inhaltsverzeichnis

Inhaltsverzeichnisse sind meist am Anfang (seltener am Ende) eines Buches zu finden. Dort kann man sich einen Überblick über den Inhalt des Buches verschaffen.

Suchen Sie im Inhaltsverzeichnis dieses Buches die Seiten, auf denen folgende Themen zu finden sind:

Mündliche Kommunikation	________	Nonverbale Kommunikation	________
Feedbackregeln	________	Groß- und Kleinschreibung	________

Register oder Stichwortverzeichnis

Auf den letzten Seiten eines Sach- bzw. Fachbuches befindet sich häufig ein Register oder Stichwortverzeichnis, d. h. eine Auflistung wichtiger Stichwörter. Sie dienen dazu, bestimmte Themen schnell und einfach zu finden.

Finden Sie anhand des Stichwortverzeichnisses am Ende dieses Buches heraus, auf welchen Seiten folgende Themen behandelt werden:

Lesen	________	Unfallbericht	________
Information	________	Internet	________

Thema „Jugendgewalt"

„Gewalt" ist in unserer Zeit leider ein allgegenwärtiges Thema – Anlass vieler Zeitungsartikel, Nachrichtenmeldungen und Diskussionen. Auch auf Plakaten, in Broschüren, auf Fotos und in der Werbung werden wir mit diesem Thema konfrontiert: Alle wollen auf das Thema Gewalt in unterschiedlichen Bereichen unseres Lebens aufmerksam machen. Die Betroffenen müssen den Mut finden, ihr persönliches Problem anzusprechen und Hilfe zu suchen.

Als Beispiel ein Artikel, der zum Nachdenken anregen soll:

Studie: Motive für Jugendgewalt in Wien

Eine internationale Studie zu alltäglichen Gewalterfahrungen von Jugendlichen erforschte Motive und Tabus in Wien

Burschen wollen sich Platz aneignen bzw. verteidigen, Mädchen vor allem soziale Beziehungen kontrollieren – Motive für Konflikte und tätliche Angriffe von Jugendlichen im öffentlichen Raum, wie eine internationale Studie in Österreich, Estland, Finnland und Großbritannien ergeben hat. Gemein sei die Intension, verschiedene Arten von Ressourcen gewinnen oder verteidigen bzw. Anerkennung erhalten zu wollen, so Barbara Riepl vom Österreichischen Institut für Jugendforschung, die das Projekt leitete.

Ottakring und Hernals erforscht

In jedem beteiligten Land wurden 25 Mädchen und Burschen zwischen 13 und 16 Jahren an öffentlichen Plätzen wie z. B. Parks befragt. In Wien führte man die Interviews in den Bezirken Ottakring und Hernals, der Großteil der Teilnehmer hatte Migrationshintergrund. Neun Formen von Gewalt wurden genannt: Provokation, Verteidigung und Rache zwischen Einzelpersonen oder Gruppen, Konkurrenzkämpfe zwischen größeren Gruppen, Sanktionen für das Brechen von Gruppennormen, Bullying und Gewalt im Internet, spielerische Gewalt zwischen Freunden, sexuelle Belästigung von Mädchen durch Burschen, körperliche Gewalt von Mädchen gegen Burschen und körperliche Gewalt von Burschen gegen Mädchen sowie Raub bzw. die Wegnahme von Eigentum.

In Wien nicht gefunden wurden z. B. Kämpfe zwischen größeren Gruppen, Bullying und Gewalt im Internet sowie spielerische Gewalt unter Freunden, berichtete Riepl und bestätigte damit einen entsprechenden Bericht der Tageszeitung „Der Standard". Hingegen tauchte bei den Interviews Raub nur hierzulande auf.

Regeln und „Tabugruppen"

Die Studie zeigte, dass gewisse Regeln herrschen und es „Tabugruppen" gibt: „Es gibt wenig (Gewalt, Anm.) zwischen den Geschlechtern oder zwischen Größeren und Kleineren", sagte Riepl. Allerdings gelten diese Regeln nicht mehr, wenn z. B. Mädchen sich nicht wie Mädchen sondern wie Burschen verhalten. Es zeigte sich auch, dass Gewalt von Mädchen oft als „nur Mädchenkram" heruntergespielt werde. Generell habe der Großteil der Jugendlichen kein Gewaltproblem, meinte Riepl. „Gewalt ist ein gesamtgesellschaftliches Phänomen und nicht speziell ein Jugendphänomen. Die Beschäftigung mit dem Thema führt aber dazu, dass es Aufmerksamkeit erhält und als Problem empfunden wird. Dabei wird übersehen, dass Jugendliche Konflikte auch ohne Gewalt lösen." Jugendliche würden oft „aufhören, bevor es eskaliert". Interventionen seien aus Sicht der Teenager meist nicht notwendig.

(Quelle: DiePresse.com (APA), 13. Mai 2009, überarbeitet)

Worterklärung

- → **Motiv:** Beweggrund
- → **Ottakring, Hernals:** 16. und 17. Bezirk in Wien
- → **Bullying:** Belästigung, Drohung, Einschüchterung
- → **Tabu:** etwas, worüber man nicht spricht
- → **eskalieren:** stufenweise steigen, wachsen
- → **Intervention:** Eingriff, Einmischung

Diskutieren Sie mit Ihrer Kollegin bzw. Ihrem Kollegen über die Probleme, die in dem Artikel angesprochen werden.

Schlagen Sie in verschiedenen Lexika das Wort „Gewalt" nach und fassen Sie die jeweiligen Informationen zusammen:

Infos über Gewalt

Tauschen Sie die Inhalte Ihrer Zusammenfassungen in Kleingruppen aus.

Informationen aus dem Internet

Was immer Sie suchen – Wissenschaft, Politik, Sport, Musik, Film – das **WorldWideWeb** steht mit seinem großen Angebot an Informationen rasch und einfach zur Verfügung. Sie sollten aber immer bedenken: Jeder kann einen Beitrag ins Internet stellen, daher gibt es keine Garantie für Wahrheitsgehalt und Richtigkeit der Information.

Achten Sie bei einer Recherche stets darauf, **von wem die einzelnen Beiträge verfasst worden sind**, ob sie von öffentlichen Einrichtungen (Ämter, Behörden, Bibliotheken), seriösen Organisationen und Institutionen (Arbeiterkammer, Wirtschaftskammer ...) oder von einzelnen Privatpersonen stammen. Es empfiehlt sich immer, verschiedene Beiträge zum gleichen Thema miteinander zu vergleichen, um das Übernehmen etwaiger Fehler weitgehend zu vermeiden.

Homepage

Für Ihre Informationssuche stehen Ihnen im Internet eine Vielzahl von Websites zur Verfügung. URLs (UNIFORM RESOURCE LOCATOR) sind Adressangaben, die der Zuordnung einer Homepage bzw. Internetseite dienen.

Suchen Sie auf der ORF-Homepage (http://www.orf.at) die aktuelle Tabelle der Fußball-Bundesliga und die Ö3-Charts. Notieren Sie jeweils die ersten drei:

Fußball-Bundesliga: ______________________________

____

Ö3-Charts: ______________________________

____

Welche Internetadresse hat Ihr Ausbildungsbetrieb?

Homepage: ______________________________

Suchmaschinen

Für Ihre **Internetrecherche** stehen Ihnen mehrere **Suchmaschinen** zur Verfügung. Das sind Programme, die das Internet nach Webseiten absuchen. Wird eine neue Adresse gefunden, wird sie in einer großen Datenbank gespeichert und kann so schnell gefunden werden. Es sind nicht nur Texte, sondern auch Bilder zu bestimmten Themen zu finden.

Die wichtigsten Suchmaschinen sind:

http://www.google.at	*http://www.altavista.at*
http://www.lycos.at	*http://www.yahoo.at*
http://www.fireball.at	*http://www.bing.de*

Blogs

In Blogs haben registrierte Benutzer die Möglichkeit, Beiträge zu veröffentlichen. Ein klassischer Blog ist ein persönliches Tagebuch, das für die Öffentlichkeit zugänglich ist.

Foren

Foren sind Homepages zu bestimmten Themen. Sie dienen meist dem Gedankenaustausch. Auch viele Hersteller von Produkten bieten Foren für ihre Kundinnen und Kunden an.

Internetrecherche: Schritt für Schritt

Zum Themenbereich **Gewalt** gibt es im Internet große Mengen an Informationen. Es ist daher wichtig, eine **gezielte Informationsauswahl** zu treffen, um die Übersicht bewahren zu können.
Bevor Sie eine Informationssuche im Internet starten, sollte Ihnen klar sein, was genau Sie wissen möchten.

Gliedern Sie mit Ihrer Kollegin bzw. Ihrem Kollegen das umfangreiche Thema „Gewalt" in Teilbereiche:

Gewalt bei Jugendlichen, häusliche Gewalt, ...

„Gewalt" – ein wichtiges Thema. Finden Sie gemeinsam Schlagwörter, die in Suchmaschinen eingegeben werden können, um aus Ihrem Bundesland nähere Informationen zu diesem Thema zu bekommen:

Überlegen Sie in der Klasse, wie Gewalt vermieden werden kann. Machen Sie sich einige Notizen:

Wie suche ich im Internet?

➔ Adressen

Wie schon erwähnt, sind alle großen Firmen, Organisationen, Parteien, Fernsehsender und Zeitungsverlage im Internet unter ihrem Namen vertreten. Wenn Sie auf diese Webseiten wollen, ist es der schnellste Weg, den **Namen in das Feld Adresse** einzugeben, z. B. *www.help.gv.at* (offizieller Amtshelfer für Österreich, die Behörde).

➔ Eingabe von Suchbegriffen

Wenn Sie z. B. ganz allgemeine Informationen über „Gewalt" haben möchten, können Sie den Begriff „Gewalt" als Suchbegriff eingeben. Bei **Yahoo** erhalten Sie ungefähr 61 Millionen Webseiten zur Auswahl, in denen das Wort Gewalt vorkommt.
Wollen Sie jedoch detaillierte Informationen erhalten, müssen Sie die Suchbegriffe spezieller formulieren. Vor allem die großen Suchmaschinen haben die **Funktion der erweiterten Suche**.

Erweiterte Suche

Klicken Sie z. B. bei **Google** auf das Feld „**Erweiterte Suche**", dann erhalten Sie die folgenden Möglichkeiten:

- „**mit allen Wörtern**", d. h. die Wörter, die Sie in dieses Feld eintragen, müssen alle im Dokument vorkommen
- „**mit der genauen Wortgruppe**", d. h. die Wörter, die Sie eingeben, müssen genau in dieser Reihenfolge im Dokument vorkommen
- „**mit irgendeinem der Wörter**", d. h. die Suchmaschine sucht nach jedem der eingegebenen Wörter
- „**ohne die Wörter**", d. h. die Wörter, die Sie hier eingeben, dürfen im Dokument nicht vorkommen

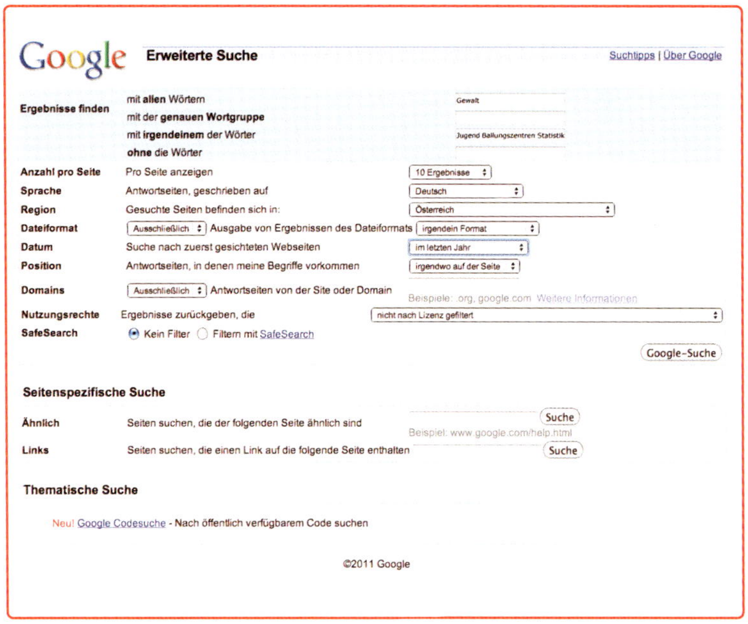

Starten Sie nun Ihre Internetrecherche zum Thema „Gewalt" und fassen Sie Ihre Informationen zusammen:

____

____

____

Auf welchen Seiten haben Sie recherchiert?

____

____

____

Der Begriff „Gewalt" in Bildmotiven

Woran denken Sie beim Betrachten der folgenden Bilder?
Finden Sie zu den Bildern passende Bildunterschriften:

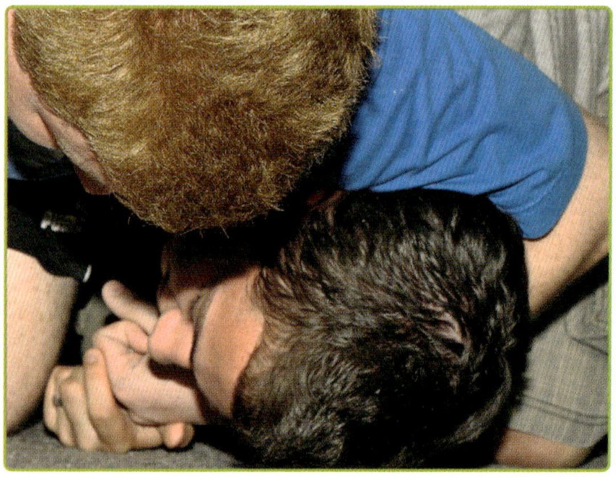

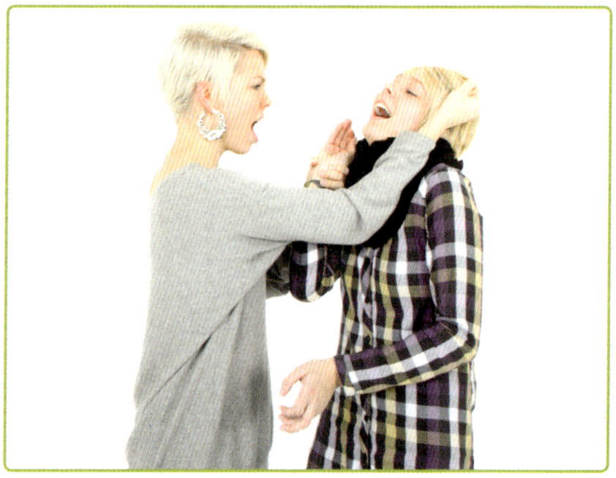

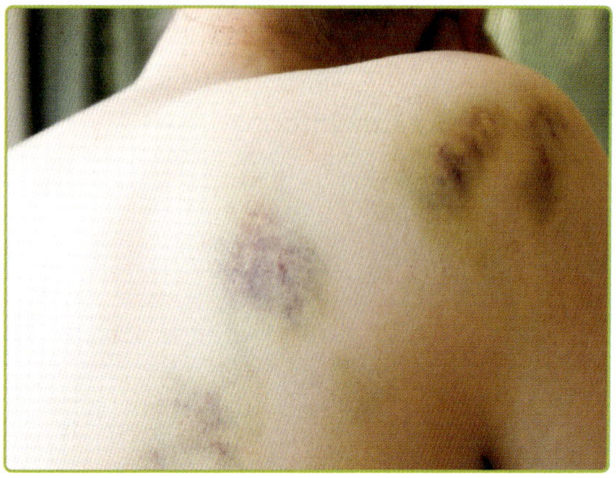

Suchen Sie im Internet noch weitere zu Ihren Bildunterschriften passende Bilder.

Von der Informationsbeschaffung zum Exzerpt

Ein Exzerpt dient vor allem der **Informationssammlung** und ist die **auszugsweise Wiedergabe eines Textes**. Die wichtigsten Informationen aus einem Artikel oder aus einem Buch werden mit eigenen Worten stichwortartig und übersichtlich festgehalten. Wichtige Passagen, Fachausdrücke und Fremdwörter werden wörtlich übernommen und als Zitate gekennzeichnet (Autorin bzw. Autor, Titel, Erscheinungsort und -jahr, Seitenangabe). Exzerpt und Vorlage müssen inhaltlich übereinstimmen!

Bei einem Exzerpt ist Folgendes zu beachten:

- Angabe der Autorin bzw. des Autors, des Titels, des Erscheinungsortes und -jahres
- Hervorhebung wichtiger Informationen
- Herausschreiben von Stichwörtern oder verkürzten Aussagen aus dem Text
- Einbau von Zitaten (Kennzeichnung des Zitats mit Anführungszeichen am Anfang und Ende) unter Angabe der Fundstelle

Jugendkriminalität: Hemmschwellen sinken

Jugendliche Straftäter werden brutaler. Heranwachsende schrecken auch vor körperlicher Gewalt nicht zurück. Die Kleine Zeitung DIGITAL sprach mit dem Psychologen Kurt Kurnig über Jugendkriminalität.

Die Hintergründe, warum oft schon Kinder kriminell werden, sind vielfältig, die Zahlen besorgniserregend. Bei den bis zu 24-Jährigen ist kriminelles Verhalten stärker ausgeprägt als bei der Gruppe der 25- bis 39-Jährigen. Die Qualität der Jugendkriminalität verändert sich.

Hemmschwelle sinkt

„Die Täter werden jünger und ihre Taten grausamer", so Kurt Kurnig, Psychologe bei der Arbeitsvereinigung der Sozialhilfe Kärnten (AVS). Die Brutalität, mit der Kinder und Jugendliche vorgehen, ist gestiegen, die Hemmschwelle sinkt. „Was vor 20 Jahren noch als Aggression zu bezeichnen war, wird heute zu Brutalität. Während Heranwachsende früher überlegt haben, wie man einen Konflikt klären könnte, neigen Jugendliche heutzutage rascher zu Ignoranz und Gewalt", so Kurnig.

Delikte

Meist geht es bei Delikten Jugendlicher um Sachbeschädigung, Diebstahl und Körperverletzung – nach außen gerichtete Formen der Gewalt. Dabei sollte man allerdings nicht ganz außer Acht lassen, dass viele der heute angezeigten Sachbeschädigungen vor zwei Jahrzehnten noch als Streiche durchgegangen wären. Im Hinblick auf Jugendkriminalität zeigen sich geschlechtsspezifische Unterschiede. Weitestgehend sei Kriminalität männlich, physisch gewaltsam und brutal. Frauen stellen sich Konflikten meist anders. „Sie gehen weniger offensiv und körperbezogen vor. Frauen neigen mehr dazu, indirekt vorzugehen, beispielsweise über Mobbing. Manche beginnen auch die Gewalt gegen sich selbst zu richten", erklärt der Psychologe.

Defizit

Oft weisen Kinder und Jugendliche, die zu kriminellen Handlungen neigen, Defizite in ihren frühen Lebensjahren auf. Aus unsicheren Kindern werden dann unsichere Jugendliche, denen es an Selbstwertgefühl und Selbstbewusstsein mangelt. Außerdem sind Jugendliche heute früheren Generationen zeitlich voraus. 13-Jährige seien laut Kurnig beispielsweise nicht mehr vergleichbar mit Jugendlichen im selben Alter vor 20 oder 30 Jahren – es treten zunehmend Diskrepanzen auf. Beispielsweise seien Kinder im Alter von 10 Jahren sprachlich oft bereits auf einem Stand von 14 Jahren. Im Hinblick auf Disziplin und Belastbarkeit seien dieselben Kinder hingegen erst auf einem Stand von sechs Jahren. Für den Psychologen ist dies ein Phänomen unserer heutigen Zeit.

(Quelle: Marion Tamegger, Kleine Zeitung, 26. Juni 2009, überarbeitet)

Worterklärung

→ **Zitat:** schriftlich oder mündlich getätigte Aussage, die wörtlich innerhalb einer anderen Äußerung wieder angeführt wird

Verfassen Sie ein Exzerpt zu dem Zeitungstext „Jugendkriminalität – Hemmschwellen sinken“:

Vergleichen Sie Ihre Exzerpte in der Gruppe.

Worterklärung

- → **Ignoranz:** Unwissenheit, Nichtbeachtung
- → **Delikt:** Straftat, Vergehen
- → **physisch:** körperlich
- → **offensiv:** angriffslustig, angreifend
- → **Mobbing:** Schikane, um jemanden z. B. aus der Schule oder vom Arbeitsplatz hinauszuekeln
- → **Defizit:** Mangel
- → **Diskrepanz:** Unstimmigkeit, Widerspruch

Lesen – vom Verstehen zum Reflektieren

Lesen ist ein wichtiger Bestandteil unseres Alltagslebens und zählt ebenso wie Schreiben, Rechnen, Englisch und seit einigen Jahrzehnten auch die Computerbenützung zu den sogenannten Kulturtechniken. Viele Menschen glauben von sich, nicht zu lesen. Beim „Lesen" geht es nicht nur um das Lesen von Büchern, sondern man liest auch im Internet, auf Plakaten, in Zeitungen, in Gebrauchsanweisungen, SMS usw.

Im Blickpunkt Kompetenzen:

Hier trainieren Sie …

- … sinnerfassendes Lesen.
- … verschiedene Techniken der Texterfassung.
- … relevante Informationen von irrelevanten zu unterscheiden.
- … Texte zu bewerten.
- … kritisches Lesen und dazu Stellung zu nehmen.
- … das Wahrnehmen von kulturellen Phänomenen und wie Sie diese kommentieren und bewerten können.

Überlegen Sie, in welchen Bereichen des täglichen Lebens Lesen wichtig ist:

____

____

Vom Text zum Verstehen: Lesetechniken – Leseabsicht – sinnerfassendes Lesen

Lesetechnik

- Beim **punktuellen Lesen** wird der Text nur teilweise gelesen, wobei das Leseinteresse auf wichtige Informationen gerichtet ist. Vor allem bei Hypertexten kommt diese Lesetechnik zum Einsatz. Hypertexte sind elektronische Texte, die Links zu weiteren Dokumenten bieten. Texte, Bilder, Logos, Grafiken, Filmelemente und Ton treten kombiniert auf und müssen gleichzeitig erfasst und gelesen werden.
- Beim **diagonalen Lesen** wird der Text rasch überflogen. Ziel ist es, einen Gesamtüberblick über einen Text zu erhalten. Das diagonale Lesen gehört zu den Arbeitstechniken, die bei der Materialsichtung für ein Referat angewandt werden.
- Beim **kursorischen Lesen** wird der Text vollständig gelesen. Diese Lesetechnik wird bei einer Vielzahl von Aufgaben im Umgang mit Texten benötigt (z. B. beim Verfassen einer Inhaltsangabe, beim Anlegen eines Stichwortzettels).
- Beim **intensiven Lesen** macht sich die Leserin bzw. der Leser eingehende Gedanken zum Textinhalt, wodurch ein persönliches, aber auch kritisches Textverständnis entwickelt wird.

Von welchen Tätigkeiten, Begebenheiten usw. sind Menschen ausgeschlossen, wenn sie nicht gut lesen können?

Worterklärung

→ **Kompetenz:** Befähigung

→ **konfrontieren:** gegenüberstellen

→ **diagonal:** schräg laufend

→ **kursorisch:** rasch, flüchtig

Überlegen Sie im Team, welche Lesetechnik sich bei folgenden Texten eignet:

Gebrauchsanweisung ______________ Fahrplan ______________

elektronischer Text ______________ Grafik ______________

Leseabsicht

- **Informatives Lesen:** Dabei ist das rasche Überfliegen eines Textes wichtig. Es werden nur die wichtigsten Informationen erfasst. Geeignet zum Lesen von Listen, Tabellen, Fahrplänen, für Lexikoneinträge, Spielregeln, Gebrauchsanweisungen oder bei der Lektüre von Zeitungs- oder Zeitschriftenartikeln.
- **Interpretierendes Lesen:** Durch Erkennen, Deuten und Werten wird der Sinn eines Textes hinterfragt. Geeignet bei der Lektüre literarischer Texte.
- **Kritisches Lesen:** Ein Urteil über den Text bilden. Kritik sollte vermieden werden, der Leser sollte aber auch nicht alles für wahr halten.
- **Kreatives Lesen:** Der selbsttätige, produktive und fantasievolle Umgang mit einem Text. Die Handlung des Textes kann z. B. verändert und eine Figur hinzugefügt werden.
- **Triviales Lesen:** Der Leser will die eigenen Einstellungen, Urteile, aber auch Vorurteile in einem Text bestätigt sehen.

(Quelle: www.teachsam.de / arb / arb_lesen.htm)

Welche Texte haben Sie in den letzten Wochen oder Monaten gelesen?
Notieren Sie kurz, mit welcher Leseabsicht Sie an die einzelnen Texte herangegangen sind:

____

____

____

____

____

Sinnerfassendes Lesen

5-Schritt-Lesemethode, um einen Text besser zu verstehen:

1. **Überblick verschaffen:**
   - Überschriften und fettgedruckte Wörter lesen
   - Grafiken und Bilder dazu anschauen

2. **Text gründlich lesen:**
   - wichtige Aussagen und Schlüsselwörter markieren (keine ganzen Sätze!)
   - Grafiken durchdenken
   - unbekannte Begriffe abklären (z. B. in einem Lexikon nachschlagen)

3. **Überlegen:**
   - Auf welche Fragen gibt der Text Antworten?

4. **Text in eigenen Worten zusammenfassen:**
   - mit wenigen Sätzen, Merksätzen oder Schlüsselwörtern

5. **Wichtige Informationen wiederholen:**
   - Könnte ich einer Freundin oder einem Freund den Inhalt erklären?

Worterklärung

→ **interpretierend:** erklärend
→ **trivial:** alltäglich

In Österreich stehen 10 336 Lehrstellensuchende 3 431 Lehrplätzen gegenüber. Im Tourismus sind allerdings Lehrplätze unbesetzt.

Angehende Lehrlinge sind auch heuer wieder mit zu wenigen Ausbildungsplätzen konfrontiert. Österreichweit fehlen momentan exakt 6 905 Lehrstellen, geht aus den Juli-Zahlen des Arbeitsmarktservice (AMS) hervor. 10 336 Lehrstellensuchenden stehen 3 431 Ausbildungsplätze zur Verfügung. Das Bild sei aber verzerrt, sagte AMS-Chef Johannes Kopf.

Juli	2010	2009
Lehrstellensuchend		
sofort	8 638	10 336
nicht sofort	1 459	1 502
gesamt	**10 097**	**11 838**
Offene Stellen		
sofort verfügbar	3 581	3 431
nicht sofort	7 419	6 335
gesamt	**11 000**	**9 766**
Überhang / Lücke	**903**	**–2 072**

Einerseits würden sich Jugendliche nach der Schule für eine Lehre anmelden, ohne diese vielleicht wirklich machen zu wollen. Andererseits kämen mit September rund 6 300 Lehrstellen hinzu. Trotz dieser Tatsache konnte Kopf dennoch nicht ausschließen, dass im Herbst Jugendliche ohne Lehrstelle dastehen werden.

Für die Betroffenen gebe es aber Auffangnetze, betonte der AMS-Chef. Zum einen gebe es die überbetriebliche Ausbildung, wo die Lehre auf Kosten des AMS beispielsweise in einer ÖBB-Werkstatt absolviert werden kann. Zum anderen bestehe die Möglichkeit, zeitlich befristet (10 bis 12 Monate) seine Defizite in AMS-Schulungen auszumerzen und dann eine Lehrstelle zu suchen, sagte Kopf. Gelinge dies nicht, dann bleibe der Jugendliche ein weiteres Jahr beim AMS.

Die Tendenzen bei Mangel und Überschuss an Lehrstellen seien jedes Jahr ähnlich, sagte Kopf. So gebe es auch heuer wieder einen Lehrstellenüberschuss im Tourismusbereich. „Dort, wo wir gerne urlauben, wohnen keine Leute", sagte der AMS-Chef und nannte als Beispiel das Zillertal.

Es bedarf daher in diesem Bereich Arbeitskräfte „von außen". In Westösterreich gebe es aktuell 2 000 Lehrlinge aus Ostdeutschland, erklärte Kopf. Auf die Frage, ob die österreichischen Lehrlinge unflexibel seien, antwortet der AMS-Chef: „Traditionell gehen Lehrlinge aus Wien nicht nach Westösterreich." Wer aber flexibler sei – sowohl beruflich wie auch geografisch – „findet sicher leichter etwas", so Kopf.

(Quelle: Text: DiePresse.com / Apa, 4. August 2009, überarbeitet; Zahlenmaterial des Diagramms: DiePresse.com / home / wirtschaft / economist / 585765 / Mehr-offene-Lehrstellen-als-Lehrstellensuchende, 5. August 2010)

Arbeiten Sie den Artikel nach der 5-Schritt-Lesemethode durch.
Fassen Sie anschließend das Wichtigste schriftlich zusammen:

Kurzbiografie und Interview

Tier- und Umweltschutz: Jane Goodall

Der Name Jane Goodall wird immer mit der Erforschung der Menschenaffen in Verbindung gebracht. Goodall wurde am 3. April 1934 in England geboren. 1957 reiste sie erstmals nach Kenia in Afrika. Dort begann sie mit der Verhaltensforschung an Schimpansen. 1977 wurde das Jane Goodall Institut gegründet und 10 Jahre später reiste die Forscherin erstmals in viele Länder, um ihre berühmten Vorträge zu halten. Danach setzte sie ihre Forschungen mithilfe eines Wissenschafterinnen-Teams fort, reiste wieder viel, um von ihrer Tätigkeit zu berichten und engagierte sich auch politisch. 2002 wurde Jane Goodall zur Friedensbotschafterin der Vereinten Nationen ernannt. Sie ist ein Vorbild für respektvollen und würdevollen Umgang mit Menschen, Tieren, der Natur, also unserer gesamten Umwelt.

Frau Goodall, Sie sind 300 Tage im Jahr auf Vortragsreisen in der ganzen Welt unterwegs.
(unterbricht lachend) Mehr als 300 Tage!

Haben Sie noch Zeit für Forschung?
Nein, ich versuche auch nicht mehr zu forschen. Ich habe Studentinnen und Studenten, die es für mich machen. Aber ich weiß, was vor sich geht, weil ich die Ergebnisse sehe. Ich habe nur einfach nicht die Zeit, es selber zu machen.

Klingt etwas Wehmut in Ihrer Stimme mit?
Wissen Sie, die Schimpansen verschwinden in jedem Moment, in dem wir hier gemeinsam sprechen. Ich habe so viele Jahre mit der Forschung verbracht. Was ich mir erträumt hatte, das habe ich gemacht. Es war wunderbar. Nun ist die Zeit gekommen, alles zu tun, um die Wälder und alle Wesen dieser Welt zu retten. Warum? Für unsere Kinder, für unsere Zukunft.

Seit mehr als 40 Jahren versuchen Sie, mehr Respekt für die Tiere und für die Natur zu vermitteln. Hat sich das Bewusstsein der Menschen verändert?
Es hat definitiv zugenommen. Die Menschen wissen heute viel besser über ihre Umwelt Bescheid als im Jahre 1960, wie ich begonnen habe. Damals war auch nicht diese Dringlichkeit gegeben. Wir haben so furchtbar viel in den vergangenen 25 Jahren zerstört.

Hätte man die Zeichen der Zeit früher erkennen können?
Es waren ganz andere Zeiten. Die Forscherinnen und Forscher damals hatten den Weltkrieg überstanden und chemische Waffen entwickelt. Aus dieser Entwicklung entstanden in der Folge alle Pestizide für die Landwirtschaft. Diese vergiften zuerst den Boden, dann die Tiere und uns.

Sie sind Vegetarierin, ich nehme an, aus ideologischen Gründen?
Natürlich auch, weil ich die Tiere nicht essen mag. Ich meine damit die Massentierhaltung. Als ich ein Kind war, war das anders. Die Fleischproduktion verursacht zudem massiven Energieverbrauch und Kohlendioxidausstoß.

Zehn Bäume müssen gepflanzt werden, um den Kohlendioxidausstoß eines Kontinentalfluges zu binden. Haben Sie ein schlechtes Gewissen beim Fliegen?
Leider gibt es in meinem Leben jetzt diese vielen Flüge! Ich versuche, möglichst viele Bäume zu pflanzen und im Alltag Energie zu sparen. Unser Baumpflanzprogramm läuft in hundert Ländern, vor allem auch in tropischen, da es extrem wichtig ist, den Regenwald aufzuforsten.

Würden Sie das Kyoto-Protokoll als Erfolg bezeichnen?
Es hat sehr viele Menschen wachgerüttelt. Weil es auch so schockierend ist, dass manche Länder die Unterschrift verweigert haben.

Ihre Institute sind auch in Indien und in China aktiv. Wie empfinden Sie das dortige Umweltbewusstsein?
Wir sind überall in China tätig, in Indien haben wir gerade erst begonnen. Das Interesse bei den jungen Menschen ist sehr hoch.

In Europa sieht man den wachsenden Energiebedarf dieser Länder mit Unbehagen. Sie auch?
Natürlich, mit großem. Deshalb sind wir ja dort, um etwas zu tun. Ich reise seit 14 Jahren nach China. Man kann nicht alles auf einmal machen, diese Länder sind riesig. Unsere Jugendarbeit beginnt mit Kindern im Vorschulalter und endet bei den Studierenden an der Universität.

Wie funktioniert Ihre Jugendarbeit? Welche Erkenntnisse und Werte möchten Sie vermitteln?
In erster Linie geht es um den Respekt der Umwelt und den Tieren gegenüber und das Bewusstsein, dass jeder Einfluss auf das System hat. Der Mensch ist Teil der Natur. Die Kinder und Jugendlichen sind die Forscherinnen und Forscher bzw. Wissenschafterinnen und Wissenschafter von morgen, dafür möchte ich ihnen auch Mut machen.

Wird die Wissenschaft das Umweltproblem lösen?
Nicht nur die Wissenschaft. Menschen tendieren dazu, der Wissenschaft zu sehr zu vertrauen. Wir müssen bei uns selber beginnen und uns klarmachen, was wir wirklich wollen.

Glauben Sie wirklich, dass die Menschen bereit sind, auf ihre Gewohnheiten zu verzichten?
Es ist nicht einfach. Unsere Bewegung ist ganz langsam gewachsen. In den letzten Jahren hatten wir einen rasanten Anstieg an Mitgliedern. Wir haben heute mehr als 9 000 aktive Gruppen weltweit. Diese jungen Menschen erzählen mir, was sie alles tun wollen, um die Welt, ihre Umwelt zu retten.

Ist die Sehnsucht nach Hoffnung verbunden mit Sinnsuche und Religiosität?
Üblicherweise sind die jungen Menschen heute weniger an Religion interessiert. Umweltschutz bedeutet jedoch, Respekt vor einem größeren Ganzen zu haben.

(Quelle: Kronen Zeitung, 1. Juli 2007, „Menschen suchen Hoffnung", Nadia Weiss, überarbeitet)

Jane Goodall

Worterklärung

→ **Pestizide:** chemische Schädlingsbekämpfungsmittel
→ **ideologisch:** weltanschaulich
→ **Kyoto-Protokoll:** Das Kyoto-Protokoll, benannt nach dem Ort der Konferenz, Kyoto in Japan, ist ein 1997 beschlossenes Protokoll mit dem Ziel des Klimaschutzes. Das 2005 in Kraft getretene und bis zum Jahr 2012 gültige Abkommen schreibt verbindliche Zielwerte für den Ausstoß von Treibhausgasen, der die hauptsächliche Ursache der globalen Erwärmung ist, fest.

Fassen Sie die wesentlichen Informationen über Jane Goodalls Leben und aus dem Interview zusammen.

Suchen Sie im Internet nach weiteren interessanten Informationen über die Verhaltensforscherin. Notieren Sie die Angaben in Stichwörtern.

Kennen Sie andere Frauen, die sich unermüdlich für eine lebenswerte Umwelt einsetzen?
Recherchieren Sie dazu im Internet und stellen Sie einen Steckbrief über eine der Frauen zusammen.

Sachthemen – zur Diskussion gestellt

Im Netz gefangen?

Der Mensch kann von nahezu allem, was ihn umgibt, abhängig werden. Auf diesen Sachverhalt hat der Arzt Paracelsus bereits im 15. Jahrhundert hingewiesen: „Jedes Ding ist ein Gift. Es kommt nur auf die Dosis an."

Wer von Sucht spricht, denkt zuerst an Alkoholismus, Drogen- oder Tablettenabhängigkeit. Allerdings erzeugen nicht nur Stoffe, die das Bewusstsein verändern, Abhängigkeit. Beim Gegenstand der Sucht kann es sich beispielsweise genauso um Arbeit, Spiel oder Essen handeln. Die Psychologen unterscheiden daher zwischen stoffgebundenen und stoffungebundenen Formen der Sucht.

Erst die massenhafte Verbreitung des Computers brachte unter anderem auch die problematischen Seiten seiner Nutzung hervor. Ob der Computer dem Menschen zu seinem Vorteil oder Schaden gereicht, hängt ausschließlich davon ab, in welche Beziehung er zu ihm tritt. Man nutzt das Internet, um Informationen zu einem bestimmten Thema zu sammeln. Man gibt ein Stichwort in ein Suchprogramm ein und merkt erst nach Stunden, dass man sich auf dem Pfad der Informationsweise von dem ursprünglichen Anliegen weit entfernt hat. Die zur Verfügung stehende Fülle an Material verleitet dazu, sich zu verzetteln.

Das Internet eröffnet nicht nur Zugriff zu Wissen in verschiedenen Bereichen, sondern erschließt auch Kontakte zu Menschen auf der ganzen Welt. Über Chatrooms kann man sich mit Personen, die sich ebenfalls in diesen virtuellen Raum begeben, zu bestimmten Themen austauschen. Egal, um welches Problem oder Interessengebiet es sich handelt, man wird andere Betroffene und Gleichgesinnte finden. Getarnt durch einen Benutzernamen, den man sich selbst zugelegt hat, fällt es leichter, Persönliches von sich preiszugeben.

Die Anonymität ist für viele Voraussetzung, um über ein Thema sprechen zu können. Die im Chatroom gemachte Erfahrung, von einer Sorge nicht alleine betroffen zu sein, ermutigt manche, sich anderen Betroffenen anzuvertrauen oder bei Expertinnen und Experten Hilfe zu suchen. Auf diese Weise kann das Internet durchaus ein Sprungbrett aus Verzweiflung und Isolation heraus sein.

Werden allerdings die im Internet geschlossenen Bekanntschaften wichtiger als die im wirklichen Leben, so wird ein Weg in die entgegengesetzte Richtung, nämlich in die Einsamkeit, eingeschlagen. Jugendliche, die ihre Freizeit am liebsten in Chatrooms verbringen, begründen dies damit, dass sie dort ehrlichere und aufrichtigere Gespräche führen würden, als sie es bisher gewohnt waren. Sie haben das Gefühl, im virtuellen Raum endlich „sie selbst" sein zu können. Da die Gesprächspartnerinnen und Gesprächspartner einander nicht sehen, ist die Versuchung groß, sich so zu beschreiben, wie man gerne aussehen würde. Gesprächspartnerinnen und Gesprächspartner sind rund um die Uhr verfügbar. Man findet stets jemanden, der bereit ist, mit einem zu plaudern. Derart vom Internet in den Bann gezogene Jugendliche übersehen jedoch, dass sie sich aus der wirklichen Welt immer weiter in eine Scheinwelt zurückziehen.

Nicht jeder, der eine Leidenschaft für das Internet entwickelt, ist suchtgefährdet. Allerdings ist die Grenze zwischen Begeisterung und Abhängigkeit oft fließend. Es keinen Tag ohne Internet auszuhalten, mehrere Stunden pro Tag im Netz zu verbringen, an Chat- oder E-Mail-Kontakte zu denken, auch wenn man nicht online ist, durch langes Internetsurfen unausgeschlafen zu sein und Schule und Freundschaften zu vernachlässigen, nur Personen zu besuchen, die über einen Internetanschluss verfügen, – all das sind ernstzunehmende Hinweise auf abhängiges Verhalten.

(Quelle: JungÖsterreich, 7. März 2004, überarbeitet)

Rauchen – kein einziger Vorteil, nur Nachteile!

Und warum macht das jemand freiwillig?

- Beim Verbrennen einer Zigarette entwickeln sich ungefähr zwei Liter Rauch.
- Inhaltsstoffe: Nikotin, Kohlenmonoxid, Teer, eine Vielzahl chemischer Verbindungen, teils in fester Form, teils als Gas. Darunter sind Stoffe wie Ammoniak, Blausäure, Stickoxide, Blei und Zink.
- Beim Rauchen werden chemische Substanzen freigesetzt, die für die Begleiterscheinungen wie Raucherhusten, rasche Hautalterung und Schäden am Gefäßsystem und somit an der Verengung und Verkalkung der Blutgefäße bis hin zum Infarkt verantwortlich sind.
- Über 40 krebserzeugende Stoffe sind in einer Zigarette nachgewiesen.
- Raucherinnen und Raucher selbst nehmen vom Rauch einer Zigarette nur rund ein Viertel direkt auf, den sogenannten Hauptstromrauch, der zum Teil anschließend wieder ausgeatmet wird. Der größere Teil des Rauches zieht zwischen den Zügen von der glimmenden Zigarettenspitze in die Umgebung.
- In diesem Nebenstromrauch finden sich zahlreiche Schadstoffe in wesentlich höherer Konzentration als im Hauptstromrauch. Bis zu 130-mal stärker ist hier die Konzentration an krebserzeugenden Substanzen.
- Teer ist im Rauch in winzigen Partikeln enthalten, die sich mit jedem Zug aus der Zigarette in den Atemwegen und der Lunge absetzen. Nur ein geringer Anteil wird wieder ausgeschieden. Wer täglich ein Päckchen Zigaretten raucht, nimmt pro Jahr eine Tasse Teer auf.
- Raucherinnen und Raucher geraten bei körperlicher Anstrengung leichter außer Atem als Personen, die nicht rauchen. Die Ursache hierfür ist vor allem das Kohlenmonoxid. Dieses giftige Gas gelangt zum größten Teil über die Lungenbläschen ins Blut. Dort wird es anstelle des Sauerstoffs an die roten Blutkörperchen gebunden. Es wird weniger Sauerstoff transportiert. Das Einatmen größerer Mengen Kohlenmonoxid ruft deshalb Sauerstoffmangel in Gewebe und Organen hervor, dadurch entstehen Durchblutungsstörungen …

(Quelle: www.kinderarzt.at / lexikon / 148.html, gekürzter Text)

Worterklärung

→ **Nikotin:** farbloses, öliges Sucht- und Gefäßgift, das den chemisch aktiven Bestandteil des Tabaks bildet

→ **Kohlenmonoxid:** giftiges Gas

→ **Ammoniak:** stechend riechendes Gas

Die AIDS-Gefahr wird von Teenagern unterschätzt

AIDS bekommen immer nur die anderen! Ein gefährlicher Irrtum Österreichs Jugendlicher. Von den 15- bis 19-Jährigen wissen zwar fast alle über die Immunschwächekrankheit Bescheid, das Risikoverhalten ist aber groß.

Täglich infizieren sich bei uns ein bis zwei Personen mit dem HI-Virus. Fast jede zweite Infektion geht auf Sexualkontakte zwischen Mann und Frau zurück. Nur jeder Zweite benützt ein Kondom. Woher kommt die neue Sorglosigkeit? *„Die Jugendlichen halten AIDS immer noch für ein Thema, das in erster Linie Drogenabhängige und Homosexuelle betrifft“*, so die Ärztin Dr. Brigitte Schmied, Präsidentin der Österreichischen AIDS-Gesellschaft. Das zeigt sich auch daran, dass 81 Prozent der Schülerinnen und Schüler, die an einer aktuellen Studie teilnehmen, vor dem ersten Sex mit einem neuen Partner nicht nachfragen, ob bereits einmal ein HIV-Test gemacht wurde. Weil fast die Hälfte der Burschen und Mädchen zur Information das Internet benützen, wurde eine neue, auf Teenager zugeschnittene Seite geschaffen: www.safe4fun.at

(Quelle: Kronen Zeitung, Karin Podolak, 13. März 2008, gekürzter Text)

Mobbing im Berufsalltag

„Mobbing hat viele Gesichter“, weiß Margit Ricarda Rolf, Geschäftsführerin der Hamburger Mobbing-Zentrale. Ob aber nun Gerüchte verbreitet, Gehässigkeiten ausgeteilt, Informationen zurückgehalten, Viren in den Computer eingeschleust oder etwa Nägel in Autoreifen gestochen werden – das Ziel der Aktionen ist laut der Expertin immer das gleiche: Die oder der Betroffene wird systematisch und zielgerichtet ausgegrenzt. Mobbing ist nie eine einzelne Handlung, sondern ein langer zermürbender Nervenkrieg. Mit den üblichen harmlosen Reibereien im Berufsalltag hat es nichts zu tun. Die betroffenen Personen erhalten keine soziale Hilfestellung und können das Geschehen nicht beeinflussen.

„To mob“ bedeutet „anpöbeln, bedrängen“. Der österreichische Tierverhaltensforscher Konrad Lorenz bezeichnete mit Mobbing den Angriff einer Gruppe von Tieren auf einen Eindringling. Das Führungsverhalten der Vorgesetzten, das soziale Verhalten zwischen den Mitarbeiterinnen und Mitarbeitern, die Organisation der Arbeitsprozesse oder einfach das „Anderssein“ durch persönliche Merkmale wie Hautfarbe, Religionszugehörigkeit oder soziale Herkunft spielen eine wichtige Rolle.

Vorgesetzte lassen sich ungern Führungsschwäche vorwerfen und behaupten meistens, Mobbing komme in ihrem Unternehmen schlichtweg nicht vor. Für die Mobbing-Opfer stellt die Situation eine tiefgehende Krisenerfahrung dar, über die sie nicht sprechen wollen.

„Frauen nehmen die Hilfestellung durch professionelle Beraterinnen und Berater eher an“, berichtet Frau Rolf. *„Männer kommen meist erst, wenn sie den Kopf unter dem Arm tragen.“*

Die Folgen von Mobbing sind gravierend. Für die Betroffenen sind sie ein „Karrierekiller“. Durch die ständigen Anfeindungen haben sie Angst, wieder etwas falsch zu machen. Sie sind unkonzentriert und unmotiviert. Durch die psychische Belastung sind sie häufig krank. Mobbing-Opfer leiden unter Nervosität, Schlaf- und Konzentrationsstörungen, Depressionen, Identitäts- und Selbstwertkrisen, Erschöpfungs- und Versagenszustände bis hin zu Selbstmordgedanken. Das Martyrium von Gemobbten endet meist mit einem vorläufigen oder endgültigen Ausschluss aus dem Berufsleben. Die Betroffenen kündigen selbst oder sie werden vom Arbeitgeber unter einem Vorwand gekündigt. Andere willigen unter Druck in einen Auflösungsvertrag ein oder sind wochen- oder monatelang krankgeschrieben.

(Quelle: www.mobbingberatung-sachsen.de)

Diskutieren Sie über das Problem „Mobbing im Schul- und Berufsalltag“.
Bauen Sie in Ihr Gespräch auch die folgenden Fragen ein:

- Haben Sie schon einmal eine Mobbing-Situation erlebt bzw. waren Sie vielleicht selber bereits Opfer einer Mobbing-Aktion?
- Worin liegen Ihrer Meinung nach die Ursachen von Mobbing-Aktionen?
- Sind eher Frauen oder Männer die Betroffenen? Wie können sich diese Konflikte äußern, wenn zum Beispiel eine Frau von einer Frau bzw. ein Mann von einem Mann gemobbt wird?
- Warum nimmt Cyber-Mobbing immer mehr zu?
- Welche Möglichkeiten der Konfliktbewältigung fallen Ihnen dazu ein?
- Wie würden Sie in der Rolle eines Mobbing-Opfers reagieren?

Worterklärung

→ **Martyrium:** langes, qualvolles Leiden

Entwicklungspolitik:
Frauen – die Karate-Kids von Allahabad

Mädchen und Sport? Ein gesellschaftlicher Widerspruch in Indien. Ein Projekt hält dagegen – mit durchschlagendem Erfolg.

Sportlichkeit ist wahrlich keine Eigenschaft, die in Indien dem vorherrschenden Frauenbild anhaftet. Auch heute noch nicht, wo die Anpassung an westliche Standards verstärkt Einzug gehalten hat.

In vielen ländlichen Gebieten leben die Menschen noch in trostloser Armut, und besonders Mädchen haben hier kaum Chancen auf Schulbildung. Sie werden recht früh in ein Leben als Ehefrau und Mutter gedrängt. Tägliche Haushaltsaktivitäten bedeuten dann zwar viel an Bewegung, aber kaum das, was man bei uns unter „Sport“ versteht.

Schwimmen verboten

Lange Fußmärsche (etwa beim Heranschleppen des Trinkwassers) und andere körperliche Belastungen, gepaart mit unzureichender Ernährung, belasten eher den Organismus, als dass sie förderlich wären.

Dazu kommt, dass Frauen und Mädchen in vielen Gebieten selten schwimmen dürfen und Radfahren eine absolut männlich besetzte Aktivität darstellt.

In städtischen Gebieten ist die Situation bisweilen anders, und manchmal ist es doch möglich, der typischen Frauenrolle zu entkommen: Shweta Singh ist heute eine selbstbewusste Frau, sie hat ihren Weg gemacht. *„Mit vierzehn war die Situation in meiner Familie furchtbar, weil es immer wieder zu heftigen Streitigkeiten kam. Mein Vater machte all unsere Habseligkeiten zu Alkohol – und für das Unglück, das so über die Familie hereinbrach, machte man mich, als älteste Tochter, verantwortlich.“*

Die Entscheidung, wegzulaufen, war für das Mädchen der letzte Ausweg, um den brutalen Übergriffen des Vaters zu entkommen. Im Frauenhaus Allahabad fand sie liebevolle Aufnahme und Zuflucht. Die Leiterin Sheeba Jose kümmert sich dort um jedes der Mädchen und versucht auch herauszufinden, was helfen könnte, um die erlebten traumatischen Vorkommnisse zu verarbeiten. *„Bei Shweta war das gleich sehr deutlich, dass sie nicht still sitzen konnte – die Teilnahme an unseren Karate-Stunden hat dem Mädchen aber sichtlich gutgetan.“*

Selbstvertrauen

Die Leidenschaft für den Karate-Sport war entflammt, Shweta trainierte oft und verbesserte sich rasch. *„Karate wurde ganz wichtig für mich, ich habe das Gefühl, in jeder Hinsicht stärker geworden zu sein“*, sagt Shweta heute und freut sich über einige Medaillen und Auszeichnungen, die sie schon bekommen hat. *„Durch den Ehrgeiz und das Selbstvertrauen von Shweta werden auch andere Mädchen motiviert, ihr Leben selbst in die Hand zu nehmen“*, ist Sheeba Jose überzeugt.

(Quelle: Kurier, Sabine Alena, 25. April 2008, überarbeitet)

Recherchieren Sie im Internet, wie die soziale, wirtschaftliche und politische Stellung der Frau in Indien und anderen asiatischen, aber auch südamerikanischen und afrikanischen Ländern aussieht.

Machen Sie sich Notizen und tauschen Sie die Ergebnisse Ihrer Recherchen untereinander aus.

Worterklärung

→ **Trauma:** schwere seelische Erschütterung

Inhaltsangabe zu einem Sachtext

Ecstasy

Die Bezeichnung XTC wird als Synonym für vier Amphetamine verwendet. Amphetamine sind synthetische Drogen, die in Pulverform angeboten werden. In der Szene sind die Tabletten auch als Happymaker oder Pillen bekannt.

Ecstasy basiert auf dem Wirkstoff MDMA (Methylen-Dioxy-Meth-Amphetamin), der schon 1914 als Appetitzügler entwickelt worden ist, aufgrund bestimmter Nebenwirkungen aber wieder vom Markt genommen wurde. Zu Beginn der 70er-Jahre des vorigen Jahrhunderts wurde der Suchtstoff in den USA als Hilfsmittel in der Psychotherapie eingesetzt und galt zugleich als Meditationsdroge. Der Griff zu diesen teuflischen Pillen verstärkte sich in den 1980er-Jahren europaweit, vor allem in der weit verbreiteten House-Welle. Die Techno-Bewegung der 1990er-Jahre machte XTC zur absoluten Partydroge.

Der Wirkstoff ist ein weißes, kristallines, bitter schmeckendes Pulver. Das große Problem von Ecstasy liegt darin, dass die Inhaltsstoffe der harmlos aussehenden, bunten kleinen Pillen mit ihren aufgeprägten Smiley-Gesichtern, Herzchen, Schweinchen, Popeye- und Superman-Abbildungen niemand kennt, was die vorwiegend jugendlichen Konsumenten nicht davon abhält, die Tabletten zu kaufen und in vollen Zügen zu genießen. Zudem wird MDMA häufig auch noch mit giftigen Antibiotika, krebserregenden Mitteln, Strychnin und Heroin versetzt.

Wie der Name bereits sagt, sorgt XTC für einen ekstatischen Zustand. Die Wirkung setzt meist 30 bis 90 Minuten nach der Einnahme ein und führt dazu, dass der User immer heiterer und ausgelassener wird. Die Verstärkung der Gefühlswahrnehmung hat zur Folge, dass sich die Kommunikationsbereitschaft enorm steigert und Hemmschwellen total abgebaut werden. Zugleich kommt es zu einer drei bis vier Stunden anhaltenden Euphorie. Nach dem Ende des Trips verspürt der User ein seelisches Tief, er vermisst die durch die Droge bewirkte heiter-zuversichtliche Gemütsstimmung und findet sich plötzlich in der kalten Realität wieder.

Um diesen Zustand zu verändern, greift er wiederum zu den Pillen, wodurch der Teufelskreis von neuem beginnt.

Die große Gefahr bei XTC liegt in der falschen Selbsteinschätzung der körperlichen Belastbarkeit. Die Kids schlucken die Energiepillen, um bei stundenlangen Veranstaltungen durchhalten zu können, schwitzen dabei extrem, verspüren aber keinerlei Durst- oder Hungergefühle, weil das Warnsystem des Körpers ausgeschaltet ist. Akute Mundtrockenheit, Übelkeit und Schwindel sind die Folge, daneben kommt es auch zu Muskelkrämpfen, Schlaflosigkeit, Koordinationsstörungen und Verfolgungswahn.

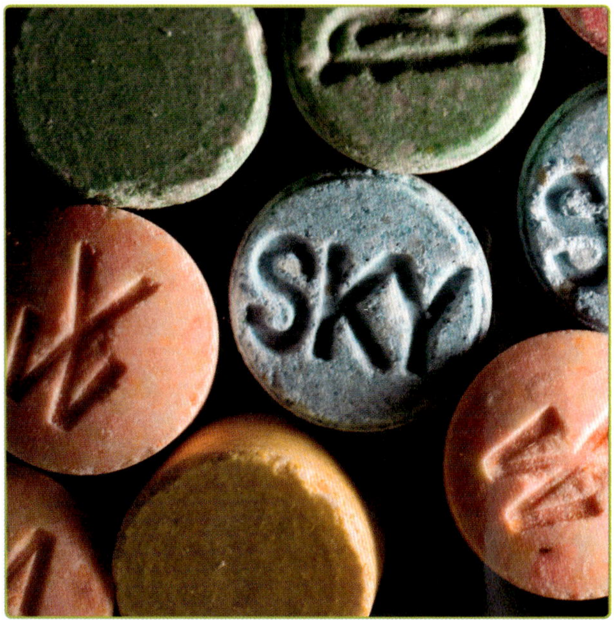

Außer den bereits genannten Nebenwirkungen treten folgende Langzeitschäden auf: Pulsbeschleunigung, Blutdruckabfall, Temperaturwallungen, Muskelfaserzerfall, Leberentzündungen, Leberversagen, Störung der Herzfunktion, Herzversagen, Schlaganfälle oder Hirnschäden.

Neben XTC, das bereits fatale Folgen nach sich zieht, ist Crystal Speed verstärkt im Umlauf, ein extrem gefährliches Aufputschmittel, dessen Auswirkungen noch weitaus schlimmer sind.

Bevor Sie mit einer Inhaltsangabe beginnen, müssen Sie den Text auch wirklich verstanden haben.
Klären Sie mithilfe eines Wörterbuches oder eines Fremdwörterbuches die Bedeutungen der folgenden Wörter:

Synonym: ____________________

Amphetamine: ____________________

synthetisch: ____________________

Psychotherapie: ____________________

Meditation: ____________________

Antibiotikum / Antibiotika: ____________________

Strychnin: ____________________

ekstatisch: ____________________

Euphorie: ____________________

Am Beginn einer Inhaltsangabe soll der Leser über Art und Thematik des Textes informiert werden.
Kreuzen Sie an, welche der folgenden Vorschläge Sie für die Einleitung verwenden könnten:

- O Der Text „Ecstasy" gibt uns einen Überblick über die Verwendung dieser synthetischen Droge im 20. und 21. Jahrhundert und informiert über deren Eigenschaften, Folgeerscheinungen und Nebenwirkungen.
- O Der Sachtext befasst sich mit dem Ecstasykonsum in Deutschland und Österreich und seinen Folgen.
- O Der Artikel „Ecstasy" geht auf die Techno-Welle der 1990er-Jahre ein und zeigt die Risiken auf, die diese Partydroge mit sich bringt.

Unterstreichen Sie in den sechs Absätzen die wichtigen Textstellen und fassen Sie diese in Stichworten zusammen:

Absatz 1: ____________________

Absatz 2: ____________________

Absatz 3: ____________________

Absatz 4: ____________________

Absatz 5: ____________________

Absatz 6: ____________________

Fassen Sie anhand Ihrer Stichwortnotizen den Inhalt des Artikels zusammen.

Suchen Sie im Internet nach Informationen über Mephedron und Crystal Speed.

Wortschatz – vom Erweitern zum Vertiefen

Wortschatzerweiterung

Im Blickpunkt Kompetenzen:

Hier trainieren Sie …

… das Verstehen von Redensarten, Redewendungen und Sprichwörtern.

… Begriffe und Fremdwörter zu erklären.

Finden Sie ein Wort, durch das sich das fettgedruckte Wort ersetzen lässt:

Sie hat ein sehr **geräumiges** Auto. ____________________

Wir waren heuer im Sommer auf einer **weiten** Reise. ____________________

Ich bekomme nur eine **geringe** Lehrlingsentschädigung. ____________________

Das Baby meiner Freundin ist **winzig**. ____________________

Im Urlaub hatten wir ein **prächtiges** Zimmer. ____________________

Die Zeit kam mir **unendlich** vor. ____________________

Zwei Wortpaare passen immer zusammen. Finden Sie jeweils das passende Wort:

Stachel und Igel	**sind wie**	**Fell und Hund**
Vater und Sohn		Mutter und ____________
Abend und Nacht		Herbst und ____________
Papier und Füllfeder		Leinwand und ____________
Teller und Suppe		Glas und ____________

Suchen Sie mit Ihrer Kollegin bzw. Ihrem Kollegen Wörter, die man anstelle von „sagen", „machen" und „gehen" verwenden kann:

sagen: ____________________

____

machen: ____________________

____

gehen: ____________________

____

Suchen Sie Wörter der Standardsprache für folgende umgangssprachliche Verben:

anhauen ____________ plärren ____________

latschen ____________ saufen ____________

Wie kann man die folgenden Begriffe wertneutral umschreiben bzw. wodurch ersetzen?

Saufbruder ____________ Behinderter ____________

Lumperei ____________ verrecken ____________

anbaggern ____________ krass ____________

Ergänzen Sie das gegensätzliche Adjektiv (Eigenschaftswort):

glatt – ____________ heiß – ____________ dick – ____________

stark – ____________ kurz – ____________ glücklich – ____________

faul – ____________ hoch – ____________ arm – ____________

Die Umkehrung (Gegenteil) der folgenden Eigenschaften erfolgt durch die Vorsilben „un-“ bzw. „in-“:

sicher – ____________ fair – ____________

konsequent – ____________ natürlich – ____________

stabil – ____________ gesund – ____________

Erraten Sie die Berufe aus Handwerk und Industrie:

Sie bzw. er repariert Autos. ____________

kennt sich mit Computern gut aus. ____________

bereitet Speisen zu. ____________

kauft und verkauft Häuser und Grundstücke. ____________

kontrolliert Einnahmen und Ausgaben. ____________

Bildhaftes in unserer Sprache

Wie in vielen Sprachen gibt es auch im Deutschen zahlreiche bildhafte Ausdrücke, sogenannte Metaphern. Diese helfen, sich etwas bildhaft vorzustellen.

Hier als Beispiel ein Gedicht von **Eugen Roth** (Dichter, 1895–1976). Er verwendet in seinem Gedicht „Herz" viele Bilder:

Herz *Eugen Roth*

Leicht fiel' das Herz uns in die Hosen,
Würd es nicht auf das Zwerchfell stoßen.
Gefährlich, gar in unsern Tagen,
Ists, auf der Zunge es zu tragen.
Man lasse es noch bestenfalls,
Aus Angst wohl klopfen bis zum Hals
Und nehms, wenn man das nötig fände,
Mit Vorsicht fest in beide Hände!
Doch hat dies alles wenig Zweck:
Man lass es auf dem rechten
Fleck!

Welche sprachlichen Bilder erkennen Sie in diesem Text?
Markieren Sie diese und überlegen Sie, was sie bedeuten:

Überlegen Sie gemeinsam mit Ihrer Kollegin bzw. Ihrem Kollegen:
Stellen Sie sich eine Szene aus Ihrem Leben vor und beschreiben Sie diese in Bildern …

Redensarten und Redewendungen

Eine **Redensart** ist eine feststehende sprachliche Wendung und hat meist symbolische Bedeutung. Redensarten müssen in einen Zusammenhang eingebunden sein.

Die **Redewendung** ist eine Verbindung von zwei oder mehreren Wörtern, die eine **feste Wortverbindung** bilden. Sie kann auch für sich allein stehend verstanden werden.

Redensart		heutige Bedeutung – ursprüngliche Bedeutung
	„jemandem etwas abknöpfen“	**„jemanden um Geld oder andere Wertgegenstände erleichtern“** Reiche Herren trugen früher häufig goldene oder silberne Knöpfe, manchmal auch Münzen oder Medaillen an ihren Röcken. In Geberlaune schenkten sie gelegentlich solche Knöpfe dem Untergebenen, der seinem Herrn auf diese Weise etwas abknöpfte.
	„einen Vogel haben“	**„nicht bei Verstand sein“** Nach altem Volksglauben waren Geistesgestörte nicht nur behext, sondern in manchen Fällen nisteten sogar Vögel in ihrem Kopf. Daher auch die Redensart „Bei dir piept's wohl!“
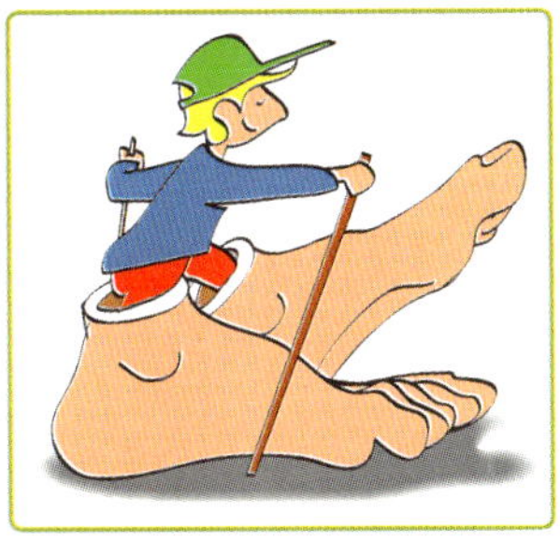	„auf großem Fuß leben“	**„viel Geld ausgeben, luxuriös leben“** Wer im Mittelalter reich war, zeigte das mit seinen Schuhen, die besonders lang und spitz waren.
	„etwas durch die Blume sagen“	**„etwas umschreiben, nicht direkt sagen, jemandem schonend die Wahrheit sagen“** Hat ein Edelmann um eine Frau geworben und sie wollte ihn nicht als Mann, schenkte sie ihm eine Strohblume. Damit wusste er, dass er die Frau nicht bekommen würde und konnte sich zurückziehen.
	„einen Zahn zulegen“	**„schneller werden“** Auf der Feuerstelle im Haus hing der Topf an einer Art Sägekamm. Wurde der Topf einen Zahn nach unten gehängt, wurde das Essen schneller fertig.

In Verbindung mit dem Wort „Zahn“ gibt es noch weitere Redewendungen.

Was bedeuten die fünf folgenden Redensarten?

„bis an die Zähne bewaffnet sein“ ______

„sich an etwas die Zähne ausbeißen“ ______

„jemandem die Zähne zeigen“ ______

„die Zähne zusammenbeißen“ ______

„jemandem auf den Zahn fühlen“ ______

Was ist mit den folgenden Redensarten gemeint?

„jemanden für beklopft halten“ ______

„unter einer Decke stecken“ ______

„nur mit halbem Ohr zuhören“ ______

„eine weiße Weste haben“ ______

„Pech haben“ ______

„wie eine Bombe einschlagen“ ______

„auf eigenen Füßen stehen“ ______

„jemanden an der Nase herumführen“ ______

„alles aus dem Ärmel schütteln“ ______

Wählen Sie sich vier Redewendungen aus und formulieren Sie Sätze damit:

______

______

______

______

______

______

Welche Bedeutung haben diese Redensarten? Kreuzen Sie die richtige Antwort an:

„klein beigeben“

- O nachgeben
- O Trinkgeld geben
- O Geld wechseln
- O still sein

„die Hand im Spiel haben“

- O sich verbrennen
- O konkurrieren
- O heimlich beteiligt sein
- O betrügen

„kalte Füße bekommen“

- O frieren
- O lange stehen
- O Angst bekommen
- O den Job verlieren

„in der Kreide stehen“

- O Schulden haben
- O zur Schule gehen
- O blass sein
- O im Schlamm stehen

Überlegen Sie mit Ihrer Kollegin bzw. Ihrem Kollegen, welche Redensarten und Redewendungen Sie noch kennen. Notieren Sie diese mit ihrer Bedeutung:

___

___

___

___

___

___

___

___

___

___

___

Worterklärung

→ **konkurrieren:** mit jemandem im Wettbewerb stehen

Sprichwörter

Ein **Sprichwort** ist ein **allgemein bekannter Satz**, der eine **Lebensregel** oder eine **Weisheit** in kurzer Form ausdrückt. Es handelt sich hier um feste und unveränderliche Formulierungen. Sprichwörter bedienen sich häufig einer gehobenen Sprachform und lassen sich auf verschiedene Situationen anwenden.

Wenn Sie die Satzteile im Kästchen richtig zusammensetzen, ergeben sich neun Sprichwörter.
Ordnen Sie jedes Sprichwort der übertragenen Bedeutung zu und schreiben Sie es auf die richtige Leerzeile:

Wer A sagt, – Da waren die Augen wohl größer –
nicht weit vom Stamm – Die Spatzen pfeifen es –
die andere – Wer andern eine Grube gräbt, –
Schmied – von den Dächern – vom Himmel gefallen –
Es ist noch nicht – muss auch B sagen –
als der Magen – kurze Beine –
Es ist noch kein Meister – fällt selbst hinein –
Jeder ist seines Glückes – Eine Hand wäscht –
Der Apfel fällt – Lügen haben – aller Tage Abend

____

Man hilft sich gegenseitig.

____

Jeder weiß es bereits.

____

Man muss selbst etwas tun, um sein Glück zu finden.

____

Die Gier war größer als der Hunger.

____

Wer andern eine Falle stellt, den könnte es selbst erwischen.

____

Um ein Meister seines Faches zu werden, muss man viel lernen.

____

Kinder geraten nach den Eltern.

____

Es lohnt sich nicht zu lügen, die Wahrheit kommt immer heraus.

____

Begonnenes muss man fortsetzen.

____

Es ist noch nicht vorbei.

Fachsprache

In jedem Beruf ist es wichtig, die Fachsprache zu kennen. Schließlich müssen Sie **Fachtexte lesen und verstehen** können. Um kompetent zu wirken, sollten Sie Fachausdrücke kennen. So ist es auch einfacher, Anweisungen zu folgen, sie richtig auszuführen und verstanden zu werden. **Viele Fachausdrücke** gehören zur **Allgemeinbildung**.

Jeder Fachbereich hat seine eigenen Fachausdrücke

Schreiben Sie folgende Begriffe zum entsprechenden Fachbereich
(Verwenden Sie ein Wörterbuch, ein Lexikon oder das Internet!):

Massage – Dialyse – Drehzahl – Parlament – Infekt –
AG – Katalysator – Katarr – Virus – Korrosion – Girokonto –
Sozialprodukt – Minister – Gesetz – Hochofen – Misstrauensvotum –
Disc – Sinfonie – Takt – Opposition – Schlager – Börse – Beat –
Ventil – Hygiene – Saxophon – Budget – Akkord – Desktop

Technik:

____

____

____

Wirtschaft:

____

____

____

Medizin:

____

____

____

Musik:

____

____

____

Fachsprache des Berufes

Jeder Beruf hat seine Fachsprache bzw. seine Fachbegriffe. Im Folgenden finden Sie Fachbegriffe aus der Computerbranche. Einige werden Sie kennen. Schülerinnen und Schüler haben damit Sätze gebildet bzw. nach Erklärungen gesucht:

Computer

brennen	Sie dürfen keine Raubkopien **brennen**!
chatten	**Chatten** Sie jede Nacht mit Ihrer Freundin bzw. Ihrem Freund?
Desktop-PC	Ein **Desktop-PC** ist ein Computer, der nicht mobil ist.
Domainname	Jeder **Domainname** kann nur einmal vergeben werden.
Firewall	Eine **Firewall** ist ein Schutz Ihres Computers gegen Angriffe aus dem Netz.
Flash-Animation	Zu viele **Flash-Animationen** machen nervös.
Icon	Ein **Icon** ist ein kleines Bildchen auf einer Webseite, das meist ein Programm darstellt.
Internet	Das **Internet** hat einen beispiellosen Siegeszug um die Welt geführt.

Versuchen Sie die folgenden Fachausdrücke zu erklären:

Windows ______________________________

die Tab-Taste ______________________________

der Link ______________________________

installieren ______________________________

Sammeln Sie mit Ihren Kolleginnen und Kollegen aus der Gruppe Fachausdrücke Ihres Ausbildungsberufes. Überlegen Sie gemeinsam, wie Sie diese Begriffe erklären könnten:

____

____

____

____

____

____

____

____

____

06

Grammatik und Rechtschreibung

Hier erfahren Sie das Wichtigste über Lerntypen und das Lernen.

Sie bekommen Tipps, wie Sie sich in einem **Wörterbuch** zurechtfinden.

Sie können sich mit **Fremdwörtern** und **Fachbegriffen** beschäftigen.

Informieren Sie sich über **grammatische Begriffe** und **Rechtschreibregeln** wie **Wortarten**, **Wortverwandtschaften**, **Groß-** und **Kleinschreibung**, **Zeitangaben**, **Getrennt-** und **Zusammenschreibung**, **Silbentrennung**.

Lernen und Nachschlagen

Auch „Lernen" kann man lernen

Bevorzugen Sie beim Lernen das Sehen, das Hören oder das Handeln? Oder sind Sie ein Mischtyp, der mehrere Lernweisen anwendet? Was für Sie typisch ist, können Sie auch als besondere Stärke nützen. Im Folgenden finden Sie einen Lerntypen-Test und einige Lerntipps dazu.

Im Blickpunkt Kompetenzen:

Hier trainieren Sie ...

... für Ihren Lerntyp geeignete Tipps und Tricks.

... die richtige Verwendung eines Wörterbuches.

Tragen Sie in die zugehörigen Kästchen rechts eine 3 ein, wenn Sie auf dem jeweiligen Lernweg **viel** behalten, eine 2, wenn Sie **einiges** behalten, und eine 1, wenn Sie **wenig** behalten. Berechnen Sie anschließend für die unten angegebenen Lerntypen „Hören", „Sehen" und „Handeln" die entsprechenden Zahlenwerte.

i

LERNTYPEN-TEST

a Ich mache mir zu einem Sachtext eine Tabelle. ☐

b Die Lehrerin bzw. der Lehrer hält einen Vortrag. ☐

c Ich sammle verschiedene Dinge zu einem Thema (z. B. Etiketten, Produktlogos ...), klebe sie in eine Mappe und schreibe kurze Erläuterungen dazu. ☐

d Unsere Lehrerin bzw. unser Lehrer zeigt uns einen Film. ☐

e Eine Mitschülerin bzw. ein Mitschüler liest einen Text vor. ☐

f Ich schaue mir die Bilder und Zeichnungen im Schulbuch an. ☐

g Ich fertige mir zu einem Lernstoff eine Zeichnung an. ☐

h Ich höre mir eine Englisch-CD an. ☐

i Die Lehrerin bzw. der Lehrer zeigt uns Bilder. ☐

j Die Lehrerin oder der Lehrer erklärt mir, wie die Bundeskanzlerin bzw. der Bundeskanzler gewählt wird. ☐

k Ich schreibe die zu lernenden Vokabel auf einen Zettel. ☐

l Ich schaue mir im Museum eine Ausstellung an. ☐

m Ich lese einen Text im Schulbuch. ☐

n Eine Mitschülerin bzw. ein Mitschüler präsentiert das Ergebnis ihrer bzw. seiner Arbeitsgruppe. ☐

o Ich wirke in einem Rollenspiel zu einem bestimmten Thema mit. ☐

p Ich höre im Radio eine Reportage zu einem aktuellen Thema. ☐

r Ich betrachte ein Buch mit vielen Fotos zu einem Thema aus Fachkunde. ☐

s Ich schreibe mir zu einem Text alles Wichtige heraus. ☐

Addieren Sie die oben eingetragenen Ziffern wie folgt:

Lerntyp Hören: Ziffern bei den Antworten b + e + h + j + n + p = ____

Lerntyp Sehen: Ziffern bei den Antworten d + f + i + l + m + r = ____

Lerntyp Handeln: Ziffern bei den Antworten a + c + g + k + o + s = ____

Ergebnis:

ICH BIN FOLGENDER LERNTYP:

____

Jeder nimmt seine Umgebung mit allen fünf Sinnen wahr:
Hören, Fühlen, Sehen, Schmecken, Riechen.

Die Sinne sind auch beim Lernen wichtig.

Lerntypen:
- der **auditive** Lerntyp (lernt am besten, wenn der Lernstoff gehört wird)
- der **visuelle** Lerntyp (lernt am besten, wenn es Abbildungen und Skizzen zum Lernstoff gibt)
- der **motorische**, **kinästhetische** Lerntyp (lernt am besten in Bewegung bzw. wenn der Lernstoff auch gefühlt wird)

Natürlich gibt es auch **Mischformen** der einzelnen Lerntypen.

Sie haben mithilfe des Lerntypen-Tests festgestellt, zu welchem Lerntyp Sie tendieren oder ob Sie vielleicht ein Mischtyp sind. Befassen Sie sich nun mit den Tipps für Ihren Lerntyp bzw. mit den Vorschlägen, die zu Ihrem Mischtyp passen.

Tipps für den auditiven Lerntyp (Hören):
- Wenn Sie einen Text lesen müssen, dann sprechen Sie sich diesen laut vor.
- Sagen Sie sich selbst Diktate an, indem Sie den Text auf ein Tonband sprechen.
- Lernen Sie gemeinsam mit Freundinnen oder Freunden.

Tipps für den visuellen Lerntyp (Sehen):
- Unterstreichen Sie die wichtigen Wörter in einem Text mit unterschiedlichen Farben. (Gleiches immer gleich markieren!)
- Unterteilen Sie den Lernstoff in deutlich unterscheidbare Abschnitte. (Neues Kapitel heißt: neue Seite!)
- Schreiben Sie Kerninformationen auf eine extra Seite.
- Legen Sie Lernkarteien an.
- Zeichnen Sie sich Skizzen auf.

Tipps für den kinästhetischen Lerntyp (Handeln):
- Wenn Sie lernen müssen, dann gehen Sie spazieren, schreiben Sie, skizzieren Sie – bleiben Sie in Bewegung.
- Spielen Sie ruhig mit einem Bleistift oder besorgen Sie sich einen Gummiball zum Kneten.
- Wenn Sie einen Computer besitzen, tippen Sie den Lernstoff ab.
- Gestalten Sie Ihre Lernumgebung so, dass Sie sich wohlfühlen.

Das Allerwichtigste beim Lernen ist Ihre persönliche Einstellung: Wenn Sie nicht lernen wollen, wird es Ihnen sehr schwer fallen! Wir blockieren uns dann oft selbst und sehen uns darin bestätigt, dass Lernen schwer und schrecklich ist. Versuchen Sie deshalb zunächst eine positive Einstellung zu entwickeln und beginnen Sie dann mit dem konkreten Lernen.

Motivieren Sie sich zum Lernen: Machen Sie sich unbedingt klar, wofür Sie lernen. Das kann ein gewünschter Schulabschluss sein, der Wunsch, eine Sprache zu sprechen oder eine weitere Sprosse auf der Karriereleiter zu erklimmen.

Seien Sie neugierig und offen: Versuchen Sie, eine kindlich-neugierige Grundeinstellung zum Lernen zu entwickeln. Wann immer Sie etwas lernen, entdecken Sie etwas Neues.

Wiederholen Sie: Ein wesentliches Element des Lernens ist das Wiederholen. Wichtige Lerninhalte sollten Sie systematisch wiederholen, um sie dauerhaft zu behalten. Eine Richtlinie ist folgendes Vorgehen:

- Wiederholung nach ca. 15 Minuten
- Wiederholung nach ca. 2 Stunden
- Wiederholung nach ca. 12 Stunden
- Wiederholung nach 2 Tagen
- Wiederholung nach einer Woche

Sie müssen sich natürlich nicht an diese Zeiträume halten – finden Sie Ihren eigenen Rhythmus zum Wiederholen.

Machen Sie Pausen: So seltsam das klingen mag, aber Pausen sind mindestens so wichtig wie das Lernen selbst. Eine Richtlinie könnte sein: 45 Minuten lernen und dann 15 Minuten Pause machen.

Sorgen Sie für Entspannung: Vergessen Sie nicht, dass der Grad der Entspannung für das Lernen bedeutend ist. In einer angenehmen Umgebung und einem geistigen Entspannungszustand können Sie Informationen viel leichter aufnehmen und verarbeiten. Deshalb ist es sehr hilfreich, sich eine Entspannungsmethode anzueignen und jede Lerntätigkeit mit einer kurzen Entspannungsphase einzuleiten.

Versuchen Sie, unabhängig davon, welche Lernmethoden Sie bevorzugen, möglichst viele Sinne in Ihren Lernprozess miteinzubeziehen. Denn: Je mehr von den oben stehenden Möglichkeiten Sie nutzen, desto besser werden Sie sich an den Lernstoff erinnern und ihn sich merken.

Die **Erinnerungsquote steigt** deutlich an, **je mehr Sinne am Lernprozess beteiligt** sind:
- nur Hören 20 %
- nur Sehen 30 %
- Sehen und Hören 50 %
- Sehen, Hören und Diskutieren 70 %
- Sehen, Hören, Diskutieren und Tun 90 %

Welche Strategien wenden Sie an, um sich zum Lernen zu motivieren? Wie sieht Ihre Lern- und Pauseneinteilung aus? Können Sie sich beim Lernen gut konzentrieren? Lernen ist aber nicht nur im Zusammenhang mit theoretischem Lernstoff zu sehen, auch in Ihrer praktischen Ausbildung ist Lernen ein entscheidender Faktor.

Erzählen Sie Ihren Mitschülerinnen und Mitschülern, wie es Ihnen diesbezüglich in Ihrer Ausbildungsstätte geht.

Nachschlagen im Wörterbuch

Die deutsche Sprache hat mehr als 400 000 Wörter. Niemand kann alles richtig schreiben. Umso wichtiger ist es, das Nachschlagen in Wörterbüchern zu beherrschen. Man muss dazu die Reihenfolge des Alphabets und die Bedeutung der verwendeten Zeichen und Abkürzungen kennen.

Hier ein Beispiel aus dem Österreichischen Wörterbuch (41. Auflage):

Lautschrift [eckige Klammer]

Artikel – hier: sowohl „der“ als auch „das“ möglich

Schrägstrich trennt Genitiv Singular (2. Fall Einzahl) des Prospekt**es** oder des Prospekt**s** und Nominativ Plural (1. Fall / Nennform Mehrzahl) die Prospekte

Stichwort (fettgedruckt) mit Angabe von Betonung und Silbentrennung

Pro|s|pekt [-sp-] der = das, -[e]s/-e <lat.>: *[illustrierte] Informations-, Werbeschrift | Bühnenhintergrund | Schauseite der Orgel*

Bedeutungserklärung (kursiv gedruckt)

Herkunftsangabe <spitze Klammer> hier: aus dem Lateinischen

Unterstreichen Sie jeweils das Wort, das im Österreichischen Wörterbuch oder im Duden zuerst steht:

Meißel – Meister	Ergebnis – erzeugen	Summe – sicher
Filiale – Finale	Schadenersatz – Sachbearbeiter	Mauer – Mimik
Test – tauschen	Vogel – Visage	Formel – fasten

Worterklärung

→ **Meißel:** Werkzeug zum Bearbeiten von Oberflächen, z. B. zum Stemmen einer Mauer

→ **Visage:** Gesicht

→ **Export:** Ausfuhr von Waren ins Ausland

→ **Risiko:** Gefahr, Wagnis

Ordnen Sie die Wörter alphabetisch, auch nach dem zweiten bzw. nach den folgenden Buchstaben:

Export – Erde – Entlassung – Reise – Rosen – Risiko – Rücken – rund – rütteln – ersetzen – ersehnen – einwirken

1. einwirken
2. ____________
3. ____________
4. ____________
5. ____________
6. ____________
7. ____________
8. ____________
9. ____________
10. ____________
11. ____________
12. ____________

Welche Artikel haben die folgenden Nomen? Schlagen Sie zur Sicherheit auch im Wörterbuch nach.

1. ______________ Safe
2. ______________ Jogurt
5. ______________ Radio
6. ______________ Kilogramm
9. ______________ Teller
10. ________ / ________ E-Mail

Welche Bedeutungen haben die folgenden Nomen? Suchen Sie die Erklärungen im Wörterbuch:

Kandidat/in ______________

Saite ______________

Virus ______________

Diät ______________

Kollektion ______________

Wofür stehen die folgenden Abkürzungen? Nehmen Sie Ihr Wörterbuch zur Hand und ordnen Sie mithilfe der Nummern den Abkürzungen die richtige Bedeutung zu:

Abb.	**1**	beziehungsweise		zzgl.	**8**	und andere	
max.	**2**	und so weiter		exkl.	**9**	inklusive	
z. B.	**3**	Abbildung		u. a.	**10**	eventuell	
bzw.	**4**	das heißt		allg.	**11**	besonders	
vgl.	**5**	zum Beispiel		evtl.	**12**	zuzüglich	
usw.	**6**	vergleiche		bes.	**13**	exklusive	
d. h.	**7**	maximal		inkl.	**14**	allgemein	

Was bedeuten die drei Redewendungen?
Im Wörterbuch finden Sie die Erklärungen unter den fettgedruckten Wörtern:

es kommt jemandem etwas **spanisch** vor ______________

mit jemandem **deutsch** reden ______________

ein Steak **englisch** braten ______________

Fehler – eine Chance zum Lernen

Manche Wörter werden anders geschrieben als gesprochen, dann ist es schwierig, sie im Wörterbuch zu finden. Hier sind ein paar Beispiele:

Yen: geschrieben meist „y" und ausgesprochen „j"
Collage: geschrieben meist „c" und ausgesprochen „k"
Journalist/in, **Genie**, **Charme:** geschrieben „j", „g" oder „ch" und ausgesprochen „sch"
Chip, **Jeep:** geschrieben meist „c" oder „j" und ausgesprochen „tsch"
Volumen: geschrieben „v" und ausgesprochen „w"

Worterklärung

→ **Yen:** japanische Währung
→ **Collage:** aus verschiedenen Materialien hergestelltes Bild
→ **Genie:** überaus begabter, genialer Mensch
→ **Charme:** Anmut, Liebreiz
→ **Chip:** Spielmarke beim Roulette oder Mikroprozessor

Erkennen Sie die folgenden Begriffe? Suchen Sie im Wörterbuch nach der richtigen Schreibweise und notieren Sie jeweils auch die Bedeutung:

Kockpitt ______ ______
Welur ______ ______
tschartern ______ ______
Kemie ______ ______
Schirokonto ______ ______
Wegetarier ______ ______
Karakter ______ ______
Wanille ______ ______
Schampanjer ______ ______

Welche Wörter fallen Ihnen ein, die anders geschrieben als gesprochen werden?

Gleichklingende Wörter, unterschiedliche Schreibweise

Finden Sie zu den folgenden Wörtern jeweils ein ähnlich klingendes Wort.
Achten Sie auf die unterschiedliche Schreibweise. Erklären Sie die jeweilige Bedeutung:

leeren		Weise	
war		Fieber	
Heer		mehr	
Wahl		Saite	
bar		Mahl	
Sohle		Mine	
blühte		hohl	
Beeren		ruhte	
Miete		Laib	
mahlen		Lärche	
schief		Thor	
ihr		Kahn	
Bann		Riff	

Wählen Sie aus der Tabelle zehn Wörter und verwenden Sie diese in Sätzen:

Fremdwörter verstehen und verwenden

Im Alltag wie auch im Berufsleben wird es immer wichtiger, die Bedeutung von Fremdwörtern zu kennen. Viele Wörter aus anderen Sprachen haben sich bereits „eingebürgert" und niemand nimmt sie mehr als Fremdwörter wahr, z. B.: Pullover, T-Shirt, E-Mail.

Notieren Sie Fremdwörter, die Sie aus Ihrem Beruf kennen. Welche Fremdwörter hat Ihre Sitznachbarin bzw. Ihr Sitznachbar aufgeschrieben? Können Sie Ihre Fremdwörter auch erklären?

Setzen Sie die Silben richtig zusammen und schreiben Sie die Fremdwörter auf.
Erklären Sie anschließend die jeweilige Bedeutung und verwenden Sie die Wörter in Sätzen.

Pros-	-blem		Mag-	-jekt	
Mikro-	-blik		Pro-	-port	
Pro-	-urg		Hy-	-net	
Repu-	-thek		Ex-	-dit	
Biblio-	-skop		Kre-	-mie	
Chir-	-pekt		Prä-	-drant	

Erklären Sie Ihrer Sitznachbarin bzw. Ihrem Sitznachbarn die Bedeutung der folgenden Fremdwörter und sprechen Sie darüber, in welchem Verwendungszusammenhang sie gebraucht werden.

Akrobatik, Atlantik, Automatik, Gestik, Grammatik, Gymnastik, Hektik, Informatik, Klinik, Kosmetik, Mathematik, Mimik, Panik, Pazifik, Politik, Problematik

Welche Wortbedeutung gehört zu welchem Fremdwort?
Ordnen Sie mithilfe der Nummern den Fremdwörtern die richtige Bedeutung zu:

1	Aerodynamik	____	Nachschubwesen, Versorgung, Planung
2	Akustik	____	Kunststil des Mittelalters, 12. bis 16. Jahrhundert
3	Ästhetik	____	Lehre von der Dichtung
4	Ballistik	____	Druck-, Schreib- und Zeichenkunst
5	Dramatik	____	Lehre vom Licht
6	Elektrik	____	persönliche bzw. allgemeine Beurteilung
7	Elektronik	____	Themenstellung, Themenkreis
8	Epik	____	Wissenschaft vom Zusammenspiel mechanischer, elektrischer, elektronischer und informationstechnischer Komponenten
9	Genetik	____	Lehre von der Bewegung der Körper
10	Gotik	____	sinnbildliche Darstellung bzw. Bedeutung, z. B. Liebe = Herz
11	Grafik	____	organisierter Fremdenverkehr
12	Kritik	____	schicksalhaftes Leid
13	Logistik	____	Kampfweise, berechnendes Verhalten
14	Lyrik	____	zahlenmäßige Darstellung, zahlenmäßige Umsetzung von häufig auftretenden Gegebenheiten
15	Mechanik	____	die Technik elektrischer Schaltungen
16	Mechatronik	____	Lehre vom Schönen
17	Optik	____	angewandte Naturwissenschaft, Kurzwort für Technische Universität, Herstellungs- bzw. Verfahrensweise
18	Poetik	____	Lehre vom Schall, Schallwirkung
19	Statik	____	Spannung, Dichtkunst, Theaterstück (Text, in dem Personen sprechen)
20	Statistik	____	Vererbungslehre
21	Symbolik	____	erzählende Dichtung
22	Technik	____	eine Form der Dichtung, Gedichte
23	Taktik	____	Lehre von der Flugbahn eines Geschoßes
24	Thematik	____	die gesamte elektrische Einrichtung
25	Touristik	____	Lehre vom Gleichgewicht von Bauwerken
26	Tragik	____	Lehre von der Bewegung gasförmiger Körper

Vergleichen Sie die Ergebnisse in der Klasse.

Basiswissen Grammatik

Im Blickpunkt Kompetenzen:
Hier trainieren Sie …
… die Anwendung wesentlicher Regeln der deutschen Grammatik.

Wortgrammatik

In der Wortgrammatik geht es um die Wortarten und ihre Stellung und Funktion im Text. Man unterscheidet Wörter, die sich mit ihrer Funktion verändern, und solche, die sich nicht verändern. Hier finden Sie eine kurze Übersicht der Wortarten:

Grundwortarten

Nomen (Namenwort)	Verb (Zeitwort)	Adjektiv (Eigenschaftswort)
Haus, Tier, Freude, Tag …	arbeiten, laufen, essen …	lustig, schön, leise, rot …

Begleiter und Stellvertreter

Artikel (Begleiter)	Pronomen (Fürwörter)	Numeralien (Zahlwörter)
der, die, das (bestimmt) ein, eine, ein (unbestimmt)	ich, du, er, sie, es, wir, ihr, sie, dein, unser, diese …	eins, zwei, alle, erstens, zweitens, dreifach, viele …

Unveränderliche Wörter (Partikel)

Konjunktionen (Bindewörter)	Präpositionen (Vorwörter)	Adverbien (Umstandswörter)	Interjektionen (Ausrufwörter, Empfindungswörter)
und, weil, wenn, dass …	auf, über, statt, gegen …	morgen, immer, hier …	Au!, Oh!, Pfui! …

Oberbegriff – Unterbegriff

Finden Sie zu den Oberbegriffen „Sport" und „Urlaub" passende Unterbegriffe:

Sport

Tennisschläger, ____________________

____

Urlaub

Reise, ____________________

____

Streichen Sie in den drei Wortreihen den Unterbegriff durch, der nicht dazupasst.
Finden Sie für die verbleibenden Nomen einen passenden Oberbegriff.

____________________ ➔ Herz, Schienbein, Ärztin / Arzt, Wirbelsäule, Venen, Nervenzellen

____________________ ➔ Lippenstift, Make-up, Wimperntusche, Kiwi, Feuchtigkeitscreme

____________________ ➔ Datei, Dokument, Seitenansicht, Zündschloss, Software

Satzgrammatik

Satzarten

Es gibt verschiedene Satzarten:

Aussagesatz: Das Taxi kommt in fünf Minuten.

Fragesatz: Hast du den Film am Montag gesehen?

Aufforderungssatz: Kommen Sie bitte zu mir!

Ausrufsatz: Nein, das kann doch nicht wahr sein!

Das folgende Beispiel zeigt, dass ein Aussagesatz durch die entsprechenden Satzschlusszeichen auch als Frage oder Aufforderung formuliert werden kann. Dabei müssen die Sätze jeweils unterschiedlich betont werden:

Bianca arbeitet nicht mit**.**

Bianca arbeitet nicht mit**?**

Bianca arbeitet nicht mit**!**

Satzglieder

Sätze bestehen aus Satzgliedern, auch Satzteile genannt.
Sie können aus einem oder aus mehreren Wörter bestehen.

Subjekt und **Prädikat**	**Vorwortergänzung**	**Fall-** und **Umstandsergänzung**
Ich **fahre**	**mit dem Moped**	**in die Berufsschule.**

Beistriche können den Satzinhalt verändern

Es gibt viele wichtige Beistrichregeln in der Satzgrammatik. Hier einige:

- **Wortgruppen** oder **Wörter** grenzt man durch einen **Beistrich** voneinander ab.
  Auch zwischen unverbundenen Hauptsätzen steht immer ein Beistrich:
  Das Einkaufszentrum ist eröffnet, die Menschen drängen sich hinein.
- **Zwischen Haupt- und Gliedsatz** bzw. **Glied- und Hauptsatz** steht immer ein **Beistrich:**
  Der Start des Rennens wird verschoben, weil die Wetterbedingungen schlecht sind.
- **Nomen, Verben und Adjektive** werden in einer **Aufzählung** durch einen **Beistrich** getrennt:
  Sandra ist hilfsbereit, freundlich und pünktlich.

In den folgenden Sätzen können Sie durch einen Beistrich den Sinn verändern.
Achten Sie auf die Angaben in den Klammern. In einem Satz kommt kein Beistrich vor.

Die Sache ist einfach nicht wahr. (Hier wurde eben eine Unwahrheit gesagt.)

Die Sache ist einfach nicht wahr? (Hier wird gesagt, dass die Sache leicht ist.)

Rechtschreibung

Wortstamm und Stammwörter

Wörter, die den gleichen Wortstamm haben, sind miteinander **verwandt**.

Gefahr → gefährlich,

Platz → platzieren,

kühl → sich verkühlen

Im Blickpunkt Kompetenzen:

Hier trainieren Sie ...

... wesentliche Strategien zur Fehlervermeidung.

... das Vermeiden häufiger Fehler.

... die richtige Verwendung von Wörterbüchern und anderen Hilfsmitteln.

Finden Sie verwandte Wörter bzw. die entsprechenden Stammwörter:

Ärmel	______	Säugling	______
läuten	______	nämlich	______
Schale	______	nummerieren	______
rächen	______	packen	______

Bilden Sie Ableitungen und Zusammensetzungen und finden Sie weitere Beispiele:

Ausgangswort	Ableitung	Zusammensetzung
kühl	verkühlen	Kühlschrank
wohnen		
Ruhm		
führen		
Höhle		
zahlen		
fahren		
lehnen		

Groß- und Kleinschreibung

Mit großem Anfangsbuchstaben werden geschrieben:

- alle Wörter am **Satzanfang**
- alle **Nomen** (Namenwörter)
  Typische Nachsilben bei Nomen sind: **-ung**, **-heit**, **-keit**, **-tum**, **-schaft**, **-nis**, **-sal**, **-ling**, **-tät**, **-ion**, **-chen**, **-lein** ...
  Zeitung, Wirtschaft, Ergebnis, Nation, Eigentum ...
- alle **Eigennamen**
  das **T**echnische Museum, die **V**ereinigten Staaten von Amerika, der **E**rste Weltkrieg, die **N**iederen Tauern, die **R**ote Liste (Verzeichnis der vom Aussterben bedrohten Arten), die **W**iener Allianz, das **S**chwarze Meer ...
- alle **Höflichkeitsformen** in Briefen
  „Sie, Ihnen, Ihr, Ihrer" schreibt man groß
  (vertraute Anrede „du" / „Du" kann sowohl klein- als auch großgeschrieben werden)
- alle Wörter, die **als Nomen gebraucht** werden (Nominalisierung),
  Nomen und nominalisierte Wörter können begleitet werden:
  – von Artikeln: das Schöne, die Freundschaft ...
  – von deklinierten Artikeln und Fürwörtern (nach dem Fall): des Hundes, dem Gastgeber, seiner Meinung, jenem Antrag ...
  – von Pronomen: ihre Wohnung, unser Team ...
  – von Zahlwörtern: viele Produkte, nichts Neues ...
  – von Adjektiven: langes Warten, häufiges Waschen ...
  – von Vorwörtern: zum Klettern, im Haus ...

Nomen (Namenwörter)

Schreiben Sie in jedes Kästchen drei Nomen mit der vorgegebenen Endung:

-ung	**-heit**	**-keit**	**-tät**
-schaft	**-nis**	**-ion**	**-ling**

Verben (Zeitwörter)

Verben werden kleingeschrieben (singen, tanzen, fahren, lesen, essen ...).

Verben, die als Nomen gebraucht werden, schreibt man groß:
- nach einem **Artikel: das** Singen
- nach einer **Präposition: beim / zum / vom** Singen
- nach einem gebeugten **Adjektiv: lautes** Singen

Finden Sie andere Beispiele für die Großschreibung von Verben und verwenden Sie diese in Sätzen:

singen	**vom Singen**	**Sie hat genug vom Singen.**
______	______	______
______	______	______
______	______	______
______	______	______
______	______	______

Adjektive (Eigenschaftswörter)

Adjektive werden kleingeschrieben (kalt, heiß, hell, groß ...).

- Nach Adjektiven fragt man mit **WIE** (Die Musik ist laut. – WIE ist die Musik?).

Adjektive, die als Nomen gebraucht werden, schreibt man groß:

nach einem **Artikel: das** Wichtigste
- nach einer **Präposition: beim / zum / vom** Wichtigsten
- nach einem **unbestimmten Zahlwort: nichts** Wichtiges, **viel** Wichtiges, **etwas** Wichtiges, **alles** Wichtige ...

Ergänzen Sie mit einer Kollegin oder einem Kollegen die richtigen Wortgruppen mit den richtigen Farbbezeichnungen und erklären Sie, was mit der jeweiligen Wortgruppe gemeint ist:

grauen – blauen – goldene – blauen / grünen – grauen – blau – blauen – schwarzen / grünen – weiße – schwarzen

einen ______ Brief bekommen	in der ______ Zone parken
die ______ Hochzeit feiern	den ______ Alltag erleben
eine Tasse ______ Tee trinken	auf der ______ Liste stehen
eine ______ Weste haben	zuhause sein und ______ machen
mit einem ______ Auge davonkommen	keine ______ Haare wachsen lassen

Numeralien (Zahlwörter)

Kardinalzahlwörter kennzeichnen eine Anzahl von 1 (eins) bis 999 999 (neunhundertneunundneunzigtausendneunhundertneunundneunzig) und werden kleingeschrieben.

- In **Uhrzeitangaben** wird die Zeitangabe kleingeschrieben, z. B.: Sie muss um sieben (Uhr) aufstehen. Der Bus fährt fünf vor acht weg.
- **Kardinalzahlen** werden als Nomen verwendet, wenn sie zur Bezeichnung von Ziffern dienen, z. B.: Die Zahl Sieben ist meine Glückszahl. Er hat einen Sechser gewürfelt.

Ordnungszahlwörter geben eine bestimmte Stelle in einer Reihenfolge an. Sie werden kleingeschrieben, wenn sie als Beifügung zu einem Nomen verwendet werden, z. B.: die dritte Klasse, das erste Mal, der vierte Versuch ...

- Nach dem bestimmten Artikel oder nach einer Präposition werden Ordnungszahlwörter großgeschrieben, z. B.: der Dritte in der Liste, am Achten des Monats ...

Setzen Sie passende Zahlwörter ein:

Mit ______________ ist man strafmündig. Der Film beginnt um halb ______________.

Ich treffe mich mit meiner Freundin um halb ______________. Während des Seminars haben

sich je ______________ ein Zimmer geteilt. Ihr ______________ bildet ein Team.

Zeitangaben

Tageszeiten und Wochentage

Großschreibung
- wenn ein Artikel oder ein Vorwort vorausgeht: den ganzen Vormittag, am frühen Nachmittag ...
- wenn eine andere kleingeschriebene Zeitangabe vorausgeht: gestern Früh, morgen Mittag, heute Abend ...

Kleinschreibung
- wenn das Umstandswort (Adverb) auf s endet: morgens, abends, vormittags, mittags, nachmittags, nachts, sonntags ...
- Umstandswörter der Zeit: heute, gestern, morgen, vorgestern ...

Bilden Sie Sätze, in denen klein- und großgeschriebene Zeitangaben vorkommen:

____

____

____

Prägen Sie sich die Wörter in den drei Feldern genau ein, damit Sie nicht ständig im Wörterbuch nachschlagen müssen, ob sie groß- oder kleingeschrieben werden (in manchen Fällen sind beide Schreibweisen möglich).

Großschreibung

- **A**ngst haben
- es ist das **B**este
- höfliche Anrede „**S**ie", „**I**hr", „**I**hnen"
- im **D**unkeln stolpern, tappen
- der / die / das **E**inzelne
- im **E**inzelnen
- der / die / das **E**rste
- **F**olgendes erklären
- im **F**olgenden
- der / die / das **G**leiche
- im **G**roßen und **G**anzen
- **J**ung und **A**lt
- im **K**laren sein
- **G**roß und **K**lein
- der / die / das **L**etzte
- das erste / einzige / letzte **M**al
- nächstes **M**al
- der **N**ächste (der Reihe nach)
- im **R**echt sein
- jemandem **S**chuld geben
- **S**chuld haben
- im **Ü**brigen (außerdem)
- alles **W**eitere
- im / des **W**eiteren

Kleinschreibung

- der / die / das **a**ndere
- der **e**ine, der **a**ndere
- am **b**esten können
- durch **d**ick und **d**ünn gehen
- **e**inzeln kommen
- es tut mir **l**eid / es hat mir **l**eidgetan
- **l**eid sein
- **m**anchmal
- ein**m**al
- so ist es **r**echt (richtig)
- an etwas **s**chuld sein

Sowohl Klein- als auch Großschreibung

- die Anrede in Briefen: **d**u / **D**u, **d**einer / **D**einer, **d**ir / **D**ir, **d**ich / **D**ich, **e**uer / **E**uer, **e**uch / **E**uch
- einige **h**undert / einige **H**undert
- **h**underte / **H**underte Menschen
- **j**a / **J**a, **n**ein / **N**ein sagen
- ich habe **r**echt / **R**echt
- **u**nrecht / **U**nrecht behalten, bekommen, haben
- bis auf **w**eiteres / **W**eiteres
- ohne **w**eiteres / **W**eiteres
- von **n**euem / **N**euem (wieder) beginnen

Ergänzen Sie die Anfangsbuchstaben und begründen Sie die Groß- bzw. Kleinschreibung:

Das ___chöne in unserer ___reundschaft ist der ___usammenhalt. Das ___etreten des ___ebäudes ist untersagt. Es ist verboten, die ___austelle zu ___etreten. Das ___echerchieren im ___nternet über ein bestimmtes ___hema kann sehr zeitaufwendig sein. Wir dankten der ___ünstlerin für ihr ___ommen. Der ___eranstalter freute sich, dass die ___ünstlerin ___ommen konnte. Meine ___utter hat sich das ___auchen abgewöhnt. Im ___roßen und ___anzen können wir mit dem ___rgebnis zufrieden sein.

Getrennt- und Zusammenschreibung

Verbindungen: Adjektiv + Verb

- Ist das **erste Wort** einer Verbindung (sinnvoll) **steigerbar**, wird **getrennt** geschrieben:
  einen Aufsatz gut (interessant, spannend) schreiben
  in den Schuhen gut (bequem) gehen
- Manchmal ergibt sich durch die Verbindung der einzelnen Wörter ein **neues Wort** mit einer **anderen Bedeutung**. Das neue Wort schreibt man dann **zusammen:**
  jemandem einen Geldbetrag gutschreiben (eine Gutschrift bekommen),
  für jemanden gutstehen (bürgen)
- **Getrennt- und Zusammenschreibung** mit adjektivisch gebrauchten Partizipien (Mittelwörtern):
  gut informiert / gutinformiert, gut gemeint / gutgemeint
- Verbindungen **mit „sein"** werden **getrennt** geschrieben:
  leise sein, fort sein, zufrieden sein

Schreiben Sie die in Blockbuchstaben geschriebenen Wörter in Schreibschrift auf.
Achten Sie auf die Getrennt- und Zusammenschreibung.

Der Schal ist BLAUGESTREIFT (____________________).

Sie wird mit der Arbeit bald FERTIGSEIN (____________________).

Auf diesem Boden kann man GUTSTEHEN (____________________).

Die Jacke ist GROSSGEMUSTERT (____________________).

Der Kundin wird der Geldbetrag GUTGESCHRIEBEN (____________________).

Schreiben Sie andere Verbindungen mit „sein" auf:

Verbindungen: Nomen + Verb

- Verbindungen von **Nomen und Verb** schreibt man in der Regel **getrennt:**
  Walzer tanzen, Radio hören, Tennis spielen, Fußball spielen …
- **Ausnahme**, wenn die ersten Teile in der Zusammensetzung ihre Eigenschaft als selbstständige Nomen weitgehend verloren haben:
  eislaufen, kopfstehen, leidtun, nottun, standhalten, stattfinden, stattgeben, statthaben, teilhaben, teilnehmen, maschinschreiben …
- **Zusammen- als auch Getrenntschreibung:**
  Achtgeben / Acht geben, haltmachen / Halt machen …

Welches Verb gehört zu welchem Nomen?

spielen, fahren, haben, leisten, fahren, stehen, trinken, zählen, fahren

Auto ______________, Angst ______________, Rad ______________, Schlange ______________,

Ski ______________, Ball ______________, Wasser ______________, Hilfe ______________, Geld ______________

Verbindungen: Verb + Verb

- Verbindungen aus **zwei Verben** schreibt man meist **getrennt:**
  baden gehen, einkaufen gehen, lesen üben, laufen lernen, arbeiten kommen …
- Verbindungen mit „bleiben" oder „lassen" als zweiter Bestandteil kann man bei **übertragener Bedeutung getrennt und zusammenschreiben:**
  sitzenbleiben / sitzen bleiben (nicht in die nächste Klasse aufsteigen)
  stehenlassen / stehen lassen (nicht länger beachten, sich abwenden)
  liegenbleiben / liegen bleiben (unerledigt bleiben)
- Ebenso kann man „kennen lernen / kennenlernen" getrennt oder zusammenschreiben.

Verwenden Sie einige der oben stehenden Wortverbindungen in Sätzen:

____

____

____

____

____

____

____

____

Getrennt- und Zusammenschreibung

- bei Fügungen in **umstandswörtlicher** Verwendung:

außer Stande sein / außerstande sein
in Frage stellen / infrage stellen
zu Hause bleiben/sein / zuhause bleiben/sein
im Stande sein / imstande sein
in Stand setzen / instand setzen
zu Leide tun / zuleide tun
zu Mute sein / zumute sein
zu Stande bringen / zustande bringen

Getrennt- und Zusammenschreibung

- bei Fügungen, die wie **Präpositionen (Vorwörter)** verwendet werden:

an Stelle / anstelle
auf Seiten / aufseiten
von Seiten / vonseiten
auf Grund / aufgrund
mit Hilfe / mithilfe
zu Gunsten / zugunsten

Verwenden Sie drei der Fügungen in Sätzen und schreiben Sie diese auf:

___

___

Getrennt- und Zusammenschreibung mit verschiedenen Bedeutungen

- **Getrenntschreibung:** Betonung liegt auf „so":
  Warum warst du schon **so bald** (so früh) zuhause?
  So lange hat der Film gedauert?

- **Zusammenschreibung:** Bindewort (Konjunktion), das einen Gliedsatz einleitet:
  Komm, **sobald** (sofort wenn) du kannst!
  Sie stürzte, **sodass** sie sich den Arm brach.

Verwenden Sie zwei der folgenden Wörter in Sätzen: **so viel, soviel; so weit, soweit; so lange, solange.**

___

___

Zusammensetzungen mit Bindestrich

- Einen Bindestrich kann man setzen, um die einzelnen **Bestandteile einer Zusammensetzung hervorzuheben.**
- Einen Bindenstrich kann man setzen, um **Missverständnisse auszuschalten.**
- **Fremdwörter** werden oft mit Bindestrich geschrieben.

T-Shirt, Fußball-WM, der 18-Jährige, das 25-fache, das Walkie-Talkie, Vitamin-B-hältig, Ich-Erzählung, Ultraschall-Messgerät, Imbiss-Stube, x-beliebig, MP3-Player, Franz-Grillparzer-Platz ...

Silbentrennung

Wörter setzen sich aus **Silben** zusammen: Es gibt

- **einsilbige →** Wand, Kuss, Schnee, ______________________________

____

____

- **zweisilbige →** Mas-se, lau-fen, ______________________________

____

____

____

- und **mehrsilbige Wörter →** wun-der-bar, ______________________________

____

____

____

Ergänzen Sie im Feld oben ein-, zwei- und mehrsilbige Wörter.

Wenn Sie die folgenden Wörter langsam und halblaut lesen, hören Sie, an welchen Stellen Sie diese trennen können. Markieren Sie die Trennstellen mit Bleistift:

Hunde	schreiben	Geister	flüchten	Bananen	winzig
Wörter	gefährlich	Blumen	lesen	Gasse	freundlich
Hitze	fleißig	Apfel	Computer	hässlich	kräftig

Folgende Trennungsregeln sollten Sie sich einprägen:

- Trennen nach **Sprechsilben:** Au-to, Blü-te, Va-se …
- Steht in einem einfachen Wort nur **ein Mitlaut** (Konsonant) **zwischen Selbstlauten** (Vokalen), so kommt der Mitlaut bei der Trennung **in die nächste Zeile:** ru-**f**en, Ta-**f**el, lei-**s**e …
- Stehen in einem einfachen Wort **zwei** oder **mehrere Mitlaute zwischen Selbstlauten**, so kommt nur der **letzte Mitlaut in die neue Zeile:** Ka**r**-**t**e, fi**ns**-**t**er, kä**mp**-**f**en …
- **ch**, **ck** und **sch** gelten als **ein Mitlaut** und werden daher **nicht getrennt:** la-**ch**en, Mü-**ck**e, Fla-**sch**e …
- **Wörter mit einer Vorsilbe sowie Zusammensetzungen** werden nach **ihren sprachlichen Bestandteilen** getrennt: Sonnen-blume, vor-gehen, ver-lieben …
- Bei manchen Wörtern ist sowohl die Trennung nach den **gebräuchlichen Sprechsilben** als auch nach der **Zusammensetzung** des Wortes erlaubt: da-rum / dar-um, wa-rum / war-um, hie-rauf / hier-auf …

Diese beiden Möglichkeiten gibt es auch für einige Fremdwörter: inte-ressant / inter-essant, Qua-drat / Quad-rat, Ma-gnet / Mag-net, Pub-likum / Pu-blikum, Vi-tamin / Vit-amin …

Gewusst wie: s – ss – ß

Es gibt starke und schwache Laute:

- Einen **schwachen s-Laut** hören Sie bei: Rose, lesen ... → als **s** geschrieben
- Einen **starken s-Laut** hören Sie bei: lassen, reißen ... → als **ss** oder **ß** geschrieben
- Steht **vor** einem **starken s-Laut** ein **kurzer Selbstlaut:** Fass, Kuss ... → **ss**
- Steht **vor** einem **starken s-Laut** ein **langer Selbstlaut:** Maß, groß ... → **ß**
- Nach **Zwielauten** wie au, ei, eu, äu: außen, reißen ... → **ß**

Setzen Sie **ss** oder **s** ein:

mit Genu____ den Apfel e____en
Gewinnlo____e verkaufen
Sektglä____er polieren
vor Neid erbla____en
vieles wi____en
eine Weltrei____e planen
jemanden vermi____en
lei____e sprechen
das Team verla____en
die Prei____e senken
Fieber me____en
Obst pre____en
ein nettes We____en haben

ein Buch le____en
den anderen in Ruhe la____en
die Badezimmerflie____en reinigen
eine Spei____e zubereiten
ein Rätsel lö____en
den Ra____en mähen
einen wei____en Entschlu____ fa____en
in der Wie____e liegen
zum Geburtstag Ro____en schenken
auf den anderen bö____e sein
Trauben le____en
einen Text verfa____en
lä____ig gekleidet sein

Leiten Sie aus den vorgegebenen Verben Nomen ab und setzen Sie diese in die Mehrzahl:

schießen	**Schuss**	**Schüsse**
fließen	______	______
beißen	______	______
reißen	______	______
flößen	**Floß**	**Flöße**
grüßen	______	______
spießen	______	______
stoßen	______	______

Wenn Sie die folgenden Wörter richtig zusammensetzen, ergeben sich elf Nomen aus der Berufs- und Arbeitswelt, in denen **ss** vorkommt:

Bestimmungswort	**Grundwort**	**Zusammensetzung**
Material-	-vertretungen	**Materialkenntnisse**
Lehrabschluss-	-zähler	
Mode-	-prozess	
Wasser-	-qualifikation	
Wellness-	-prüfung	
Arbeits-	**-kenntnisse**	
Biomasse-	-technik	
Massen-	-assistentin	
Mess-	-messe	
Interessen-	-hotel	
Gastgewerbe-	-erzeugung	
Schlüssel-	-heizung	

Nicht immer leicht: „das" oder „dass"

„**das**" kann verwendet werden

- als **bestimmter Artikel:** das Haus, das Gesicht …
- als **Relativpronomen:** Das Make-up, **das** (welches) ich gekauft habe, …
  Als Ersatzwort für „das" kann man „welches" einsetzen.
- als **Demonstrativpronomen:**
  Das (dies) gehört mir …
  Als Ersatzwort kann man „dies" einsetzen.

„**dass**" wird als **Konjunktion** (Bindewort) verwendet und leitet einen Gliedsatz ein:

Ich hoffe, dass sie für diese Tour genug Kondition hat.
Dass du heute da bist, freut mich.
Für „dass" gibt es kein Ersatzwort.

Setzen Sie „**das**" oder „**dass**" ein:

_______ Auto, _______ meine Mutter gekauft hat, ist ein Audi. Sie hat ihm _______ schon mehrmals erklärt. Ich bin schon auf _______ Gesicht gespannt, _______ sie machen wird, wenn sie _______ hört. Ich denke nicht, _______ mein Vater mir _______ erlauben wird. Glaubst du wirklich, _______ ich _______ gesagt habe? _______ Schirennen musste aufgrund der schlechten Pistenverhältnisse abgesagt werden. Kannst du dir vorstellen, _______ er _______ getan haben soll?

07

Kreatives Schreiben

Hier können Sie versuchen mit Freude zu schreiben:

Mit Wörtern experimentieren
Sehen und Schreiben
Ich als Persönlichkeit

Ich und andere

Ich selbst (**Akrostichon** = Anfangsbuchstaben der Zeilen, von oben nach unten gelesen, ergeben einen Sinn.)

Schreiben Sie Ihren Vor- und Familiennamen auf der linken Blattseite senkrecht in Großbuchstaben untereinander. Machen Sie jeden Buchstaben zum Anfangsbuchstaben eines neuen Wortes. Probieren Sie, dass Sie nur Wörter verwenden, die mit Ihnen zusammenhängen, die Sie persönlich vielleicht beschreiben.

K reativ
A ngenehm
R uhig
I ______
N ______

Andere

Suchen Sie aus diversen Zeitschriften Fotos von Personen und verändern Sie diese mit einer neuen Frisur, einem Bart …
Tauschen Sie die Bilder unter Ihren Kolleginnen und Kollegen aus.
Denken Sie sich zu dem Bild, das Sie bekommen haben, eine Geschichte aus und schreiben Sie diese nieder.

Im Blickpunkt Kompetenzen:

Hier trainieren Sie …

… eigene Texte zu schreiben.

… Ihrer Fantasie freien Lauf zu lassen.

… das „Spiel" mit Sprache.

… Ihre Lust am Schreiben.

Mein Traumberuf

Schreiben Sie über Ihren Traumberuf. Das muss nicht unbedingt der sein, den Sie momentan lernen.

Welchen Beruf würden Sie gerne ausüben? Welche Arbeiten müssten Sie erledigen? Wo wäre Ihre Arbeitsstätte und wie sieht es dort aus? Welche Vorstellungen haben Sie von Ihrer Chefin oder Ihrem Chef, haben Sie überhaupt eine bzw. einen? Haben Sie Kolleginnen und Kollegen? Wenn ja, wie verhalten sie sich Ihnen gegenüber? Wie viel verdienen Sie monatlich? …

Bilder und Texte

Gestalten Sie in der Gruppe eine Collage mit Bildern aus Zeitungen und Zeitschriften. Auf dem Bild sollen mindestens vier Personen, eine Landschaft und mehrere Gegenstände sein.
Jedes Gruppenmitglied schreibt eine Geschichte zu diesem Bild. Anschließend werden die verschiedenen Geschichten in der Gruppe vorgelesen und darüber gesprochen.

Suchen Sie aus Zeitschriften eine ganzseitige Werbung für ein Produkt.
Lassen Sie das Bild auf sich wirken. Erfinden Sie eine Geschichte dazu und schreiben Sie diese nieder.

Wörter und Texte

Wortspende

Die Schülerinnen und Schüler überlegen sich Lieblingswörter, die an der Tafel festgehalten werden. Die Klasse wählt dann fünf Wörter davon aus, und jeder schreibt zu diesen Wörtern eine kurze Geschichte.
Danach werden einige Texte vorgelesen und besprochen.

Worttreppe

Bilden Sie mit einer Kollegin oder einem Kollegen eine Worttreppe. Hier ein Beispiel:

Sonnenblume – Blumenfenster – Fensterglas – Glasschneider – Schneiderschere – ...

Wählen Sie danach fünf Wörter aus und verfassen Sie gemeinsam einen Text dazu.

Arbeits-ABC

Schreiben Sie das ABC in Großbuchstaben untereinander auf. Denken Sie dann an Ihre Lehrstelle und finden Sie zu jedem Buchstaben ein Wort, das Ihnen zu Ihrem Arbeitsbereich einfällt.

Wörter – Gedanken – Text

Lesen Sie die unten stehenden Wörter. Welche Geschichte fällt Ihnen dazu ein?

Liebesbeweis
Geschäft
Eltern
Mittag
Regeln
rot
Ring
Wüste
Zwang
Zigarette
Auto
Zucker
Geld

Sciencefiction – die Geschichte der Zukunft

Frankfurt – Sydney: 90 Minuten

2007 hat das „Deutsche Zentrum für Luft- und Raumfahrt“ (DLR) in Barcelona Pläne für einen Nachfolger des Überschallfliegers Concorde vorgestellt: 18-fache Schallgeschwindigkeit, also 18 Mach (22 000 km/h) statt „nur“ Mach 2 wie einst bei der Concorde.

Ansonsten werden sich die Konstrukteure des Spaceliners aber eher am Vorbild des Spaceshuttles orientieren: senkrechter Start mit einem an den Rumpf des Flugzeugs geschnallten Booster, der (wie beim Shuttle) Wasserstoff und Sauerstoff zu Wasser(dampf) verbrennt. Der Flug geht in 70 000 bis 100 000 Meter Höhe, unterwegs folgt das Abkoppeln des Boosters, der selbsttätig bis zu 1500 Kilometer weit zur Wiederverwertung zum Flughafen zurückfliegen soll. Nach kurzer Schwerelosigkeit erfolgt der Wiedereintritt in die Atmosphäre und die Landung.

Ein solcher Raketenflieger würde die reine Flugzeit von Frankfurt nach Sydney von derzeit rund 21 Stunden auf weniger als eineinhalb Stunden drücken. Bevor eine Entscheidung zu Finanzierung und Bau des Spaceliners fallen kann, hat das von der EU geförderte Planungsprojekt noch jede Menge Herausforderungen zu lösen. Wenn ein Spaceshuttle von einem Orbitalflug zurückkommt, braucht die NASA derzeit Monate, um es wieder startklar zu machen. Diese sogenannte „Turnaround-Zeit“ soll ohne Sicherheitseinbußen auf wenige Stunden reduziert werden. Um dies zu ermöglichen, ist auch ein neuartiger, flüssiggekühlter Keramik-Hitzeschild geplant. Die spritsparende Methode des „Skipping“, bei der das Raketenflugzeug wie ein flach über das Wasser geworfener Stein auf der Atmosphärenhülle entlang „peppeln“ soll, bevor es zur Landung wieder „eintaucht“, könnte den Passagieren übel zusetzen. An einer Lösung dafür, aber auch wie die Sicherheitssysteme des Spaceliners aussehen müssen, arbeitet die burgenländische Firma „Spaceorb“ mit.

Ebenfalls noch zu klären: Der Spaceliner würde zwar mit umweltfreundlichem Wasserstoff fliegen. Der wird allerdings derzeit hauptsächlich noch aus Methan gewonnen, ein Prozess, der reichlich Treibhausgas (CO_2) erzeugt.

(Quelle: Kronen Zeitung, 17. Juli 2007, gekürzter Text)

Worterklärung

→ **Spaceliner:** Weltraumflugzeug mit 18-facher Schallgeschwindigkeit
→ **Mach:** Maßeinheit für die Schallgeschwindigkeit (330 m/s) nach dem Physiker Ernst Mach
→ **Spaceshuttle:** Raumpendler, Raumfähre
→ **Booster:** Hilfsrakete zur Erzeugung des zusätzlichen Schubs
→ **NASA:** Nationale Luft- und Raumfahrtbehörde der USA
→ **Methan:** Sumpfgas, Heizgas

Welche Ideen hätten Sie für das 3. Jahrtausend? Denken Sie etwa an medizinische Fortschritte, die Weiterentwicklung von Robotern und Computern, den Städtebau, die Entwicklung in der Fahrzeug- und Flugzeugindustrie, die Erforschung des Weltalls, an die Waffentechnik …

Beschreiben Sie einen Ihrer Vorschläge. Verwenden Sie in Ihrem Text auch Ausdrücke aus einer fernen Zukunft. Es können auch neue Wortschöpfungen sein, denn es wird aufgrund wissenschaftlicher und technischer Errungenschaften wieder viele Begriffe geben, die uns heute noch unbekannt sind.

Verfassen Sie einen Text, in dem Sie die Reaktionen eines Menschen beschreiben, der in einem der vergangenen Jahrhunderte gelebt hat und plötzlich in unserer Zeit wieder zum Leben erweckt wird.

Ein ganz normaler Tag

Schreiben Sie die Geschichte weiter!

Manuel war ein ganz normaler Typ. Er lebte in einem kleinen Dorf am Rande von Wien. Er ging am Montag in die Berufsschule, schraubte in der Mittagspause oft an seinem Mofa und spielte abends entweder Fußball oder Schlagzeug in einer Band. Alles in allem führte er also ein recht unauffälliges Leben.

Aber eines Tages traf er einen sehr ungewöhnlichen Menschen, der sein ganzes Leben umkrempelte ...

Kreativität ist gefragt: Noch mehr Ideen

Geräusche

**In der Klasse ist es ganz ruhig.
Hören Sie auf die leisen Geräusche und beschreiben Sie diese.**

Lesen Sie Ihren Text vor und vergleichen Sie anschließend mit Ihren Kolleginnen und Kollegen, was sie wahrgenommen haben.

Elfchen

Der Name „Elfchen“ rührt von der Zahl „Elf“ her. Hier bedeutet das Ganze, dass eine Geschichte aus elf Wörtern besteht, die sich nach einem festgelegten Schema auf fünf Zeilen verteilt.

1. **Zeile: ein Wort**
   Ein gefundenes Wort, ein Thema, eine Idee, ein Gefühl, eine Stimmung …
2. **Zeile: zwei Wörter**
   Zu wem könnte das erste Wort passen? Person, Gegenstand …
3. **Zeile: drei Wörter**
   Wo oder wie ist das in der 2. Zeile Genannte? Was tut es?
4. **Zeile: vier Wörter**
   Schreiben Sie noch mehr über das in der 2. Zeile Genannte.
5. **Zeile: ein Wort**
   Ein abschließendes Wort, ein Gegensatz, eine Ergänzung …

Ein Beispiel:

Sonne
Gelbe Kugel
Hoch am Himmel
Jeden Tag wieder da
Leben

Lebewesen und Dinge erzählen

Schreiben Sie einen Text, in dem Sie das Dasein eines Lebewesens oder Gegenstandes aus dessen Sicht auf witzige Weise beschreiben. Denken Sie etwa an:

… Ihr Gehirn, das nach anstrengender Arbeit zu erzählen beginnt.
… ein Rettungsfahrzeug, das schon jahrelang im Einsatz ist.
… Wände und Hausmauern, die besprüht werden.
… einen Hund, der mit seinem Herrchen jeden Tag immer dieselbe Runde geht.
… Ihr Zimmer bzw. Ihre Wohnung, das bzw. die ab und zu über ein kleines Chaos jammern könnte.
… verschiedene Lebensmittel in den Regalen Ihrer Küche.
… ein Haustier, das einen Familienstreit genau beobachtet.
… einen Geschirrspüler, in dem das schmutzige Geschirr bereits seit Wochen nicht gespült wurde.
… einen tollen Sportwagen, der auf dem Parkplatz eines Supermarktes von jedem bestaunt wird.

Utopie

Stellen Sie sich vor, in unserem Land gäbe es kein Geld.
Wie würde unsere Gesellschaft funktionieren? Schreiben Sie einen kurzen Text mit Ihren Gedanken.

Was wäre, wenn ...

Bilden Sie Gruppen und entwickeln Sie gemeinsam **„Was wäre, wenn ...“**-Sätze.

Hier zwei Beispiele: **Was wäre, wenn der Tag 25 Stunden hätte?**
Was wäre, wenn niemand mehr arbeiten müsste?

Wählen Sie einen der oben genannten Sätze aus und schreiben Sie darüber:

Was wäre, wenn ...

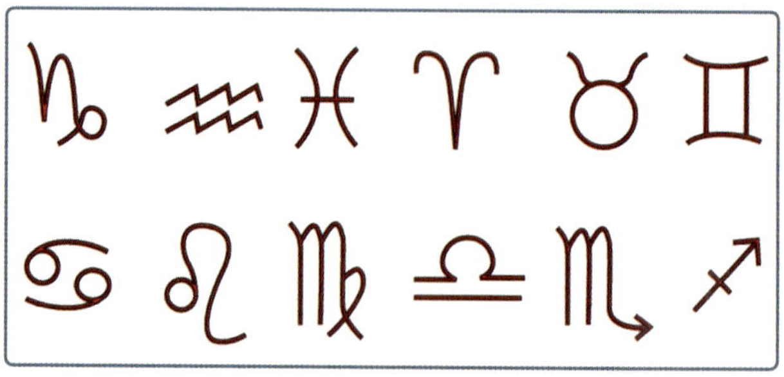

Horoskop

Schreiben Sie sich selbst ein Horoskop für die nächste Woche.
Suchen Sie sich drei wichtige Bereiche aus Ihrem Leben und überlegen Sie, was in den nächsten Tagen passieren könnte, und schreiben Sie alles hier nieder:

Horoskop für die nächste Woche

Stichwortverzeichnis

Bildnachweis:

5.1: © pdesign – Fotolia.com; 6.1: Franz Hoffmann; 7.1–5: Willfried Gredler-Oxenbauer; 8.1: © pressmaster – Fotolia.com; 8.2: public domain/wikimedia.org; 8.3: Franz Hoffmann; 9.1–2: Franz Hoffmann; 10.1: © Ana Blazic – Fotolia.com; 10.2: © Alexander Raths – Fotolia.com; 10.3: Willfried Gredler-Oxenbauer ; 12.1: Willfried Gredler-Oxenbauer; 13.1: © Bob Thomas/Corbis; 13.2: Franz Hoffmann; 15.1: © Chlorophylle – Fotolia.com; 15.2: Willfried Gredler-Oxenbauer ; 15.3: © contrastwerkstatt – Fotolia.com; 16.1, 3–4: Willfried Gredler-Oxenbauer; 16.2: © BildPix.de – Fotolia.com; 16.5: © Netwalker – Fotolia.com; 16.6: © Hannes Eichinger – Fotolia.com; 16.7: © photoillustrator.eu – Fotolia.com; 19.1–2, 4–9, 11–15: Wolfgang Gruber; 19.3: public domain/wikimedia.org; 19.10: © JULA – Fotolia.com; 20.1: © Marina Zlochin – Fotolia.com; 21.1: Rolf Rick/dpa/picturedesk.com; 23.1: Franz Hoffmann; 24.1: © moodboard – Fotolia.com; 24.2: Willfried Gredler-Oxenbauer; 25.1: Franz Hoffmann; 29.1: Willfried Gredler-Oxenbauer; 33.1: Willfried Gredler-Oxenbauer; 33.2: jonklinger, liz. CC-SA-2.0., Wikimedia Commons; 34.1: Sdo216, liz. CC-SA-3.0., Wikimedia Commons; 37.1: © Mark Stephan – Fotolia.com; 41.1: Willfried Gredler-Oxenbauer; 42.1: © mangostock – Fotolia.com; 42.2: © ArtmannWitte – Fotolia.com; 45.1: Willfried Gredler-Oxenbauer; 46.1: Willfried Gredler-Oxenbauer; 49.1: Stadt Salzburg Magistrat; 50.1: Freytag-Berndt u. Artaria KG; 54.1: Willfried Gredler-Oxenbauer; 55.1: © womue – Fotolia.com; 56.1: Willfried Gredler-Oxenbauer; 58.1: Willfried Gredler-Oxenbauer; 60.1: Franz Hoffmann; 64.1: www.help.gv.at; 64.2: www.schulanmeldung.at; 65.1–3: Franz Hoffmann; 66.1: Kfz-Auskunft.de; 67.1: © Gina Sanders – Fotolia.com; 68.1: Franz Hoffmann; 68.2: © WavebreakMediaMicro – Fotolia.com; 69.1: © Goss Vitalij – Fotolia.com; 70.1: Der Standard, Kleine Zeitung GmbH & Co KG, GEO/Gruner+Jahr AG & Co KG, profil/Verlagsgruppe NEWS GmbH, Kurier Redaktionsgesellschaft mbH & Co KG, „Die Presse" Media GmbH & Co KG ; 73.1: ORF Nachlese, Top Hair International GmbH, Universum/LW Werbe- und Verlags GmbH, E-Media/Verlagsgruppe News GmbH, Elektrojournal, Spar/Die feine Küche, Der österreichische Installateur – Bohmann Druck und Verlag GmbH & Co KG, Technik Report/WEKA-Verlag Gesellschaft m.b.H., Verlag Zahn. Medizin. Technik, Sportwoche/Sportverlag GmbH & Co KG; 76.1: Franz Hoffmann; 88.1: © 2005 David Monniaux, CC-BY-SA 3.0/Wikimedia.org; 89.1: Josh Olins für United Colors Of Benetton, Kampagnenmotiv Frühjahr/Sommer 2011; 90.1: Franz Hoffmann; 96.1: Lichtmeister – Fotolia.com; 99.1: Guenter R. Artinger/APA/picturedesk.com; 99.2: Gerd Altmann/pixelio.de; 106.1: Willfried Gredler-Oxenbauer; 106.2: © PA – fotolia.com ; 106.3: © Ambrose – Fotolia.com; 106.4: © Klaus-Peter Adler – Fotolia.com; 106.5: © Michael Thornton/Design Pics/Corbis; 106.6: XINHUA/Action Press/picturedesk.com; 113.1: © Everett Collection/Everett Collection/picturedesk.com; 115.1: public domain/wikimedia.org; 117.1: Dominik Hundhammer, liz. CC-SA 3.0, Wikimedia; 118.1: DEA; public domain/Wikimedia.org; 123.1–5: Franz Hoffmann; 127.1: © Rabe – Fotolia.com; 127.2: Andy Hill, public domain/ Wikimedia Commons; 127.3: © Monkey Business – Fotolia.com; 127.4: Paul-Georg Meister/pixelio.de; 129.1: Gerd Altmann/pixelio.de; 152.1: © PinkShot – Fotolia.com; 153.1: Wolfgang Gruber; 153.2: Wolfgang Gruber; 156.1–2: Franz Hoffmann; 158.1–12: Franz Hoffmann